가장 먼저 알아두어야 할 기초지식 20
개와 인간의 차이점은?

가족처럼 살다보면 개를 사람처럼 생각할 때가 많다. 하지만 생물학적으로는 전혀 다른 생물체이다. 비슷하지만 다른 개와 인간의 특징과 차이를 알고 반려견이 조금이라도 오래 살 수 있도록 관리해주자.

필요한 영양소의 비율이 다르다

개는 육식에 가까운 동물이지만, 인간과 살면서 잡식성으로 변하여 3대 영양소의 비율이 인간과 상당히 유사해졌다. 다만 단백질은 인간보다 많이 필요하므로 그 점을 알아두자.

개
- 지방 15%
- 단백질 25%
- 탄수화물 60%

인간
- 지방 14%
- 단백질 18%
- 탄수화물 68%

개와 인간은 소화관의 비율이 다르다

개는 육식에 가까운 식생활 때문에 식물섬유의 섭취가 적어 소화 및 흡수가 인간보다 빠르다. 그러므로 신체에서 소화관이 차지하는 무게의 비율이 인간보다 낮고 소장도 짧다.

소화관 무게의 비율
- 대형견=약 2.7%
- 소형견=약 7%
- 인간=약 11%

소장의 길이
- 개=약 1.7~6m
- 인간=약 6~6.5m

개는 충치가 잘 생기지 않고 이빨 수도 많다

개의 침 성분은 인간과 달라 충치가 잘 생기지 않지만 치구가 잘 쌓이고, 방치하면 치조농루대 걸리므로 잘 관리해준다. 유치는 28개, 영구치는 42개로 생후 약 1년이 지나면 모두 갖추게 된다. 소형 견종의 경우는 유치가 남는 '유치유잔(乳齒遺殘)'에 주의한다.

- 개의 영구치 = 42개
- 인간의 영구치 = 32개

개의 수명은 어느 정도?

개는 인간보다 성장 속도가 빨라 생후 2년이 지나면 성견으로 자란다.
그 후는 인간의 나이로 환산해서 1년에 4~7세씩 나이가 든다.
개의 생애에 대해서 알아보자.

Puppy / Adult Dog / Old Dog

강아지시기
소·중형견은 약 1년 반, 대형견은 약 2년이 지나면 성견이 된다. 호기심이 왕성하므로 부상 등의 사고에 주의하자. 선천적인 질환은 없는지 잘 살필 필요가 있다.

성견시기
성견이 되면 개가 가진 성격이나 개성이 뚜렷해진다. 개에게 맞는 환경을 조성하여 스트레스를 받지 않도록 한다. 다만 너무 버릇없이 자라지 않도록 교육을 잘 시킨다.

노견시기
태어나 10년 이상이 지나면 쇠퇴기에 접어든다. 털색이 이전보다 옅어져 노견풍으로 변하고, 다리나 눈이 나빠지거나 귀가 잘 들리지 않는 등 노화현상이 현저해진다.

개의 성장은 상당히 빠르다! 약 2년 만에 멋진 성견으로 성장

개의 평균수명은 소·중형견이 15세 전후, 대형견이 10세 전후로 작은 동물에 비하면 오래 살지만 그래도 인간처럼 오래 살지는 못한다. 대형견은 7년 차부터, 소·중형견은 9~10년 차부터 노화가 시작되어 겉모습은 물론이고 신체 기능도 퇴화한다. 대형견은 9년 차, 소·중형견은 13년 차가 되면 사람으로 비유하면 약 70살의 노인이라고 할 수 있다. 먹는 양도 줄고 운동기능이나 면역력도 저하되어 병에 잘 걸리므로 반려인은 세심하게 보살펴야 한다.

노령기에 접어들면 털색이 서서히 옅어지고 윤기도 없어진다. 육구(발바닥의 말랑말랑한 피부)도 단단해지고, 눈동자가 하얗게 탁해지는 백내장에 걸릴 수도 있다. 산책을 싫어한다면 허리와 다리가 약해졌다는 증거이다.

개도 나이가 들면 소리에 반응하는 속도가 느려지고 누워서 지내는 시간이 많아진다. 신체 여기저기에 지방종이 잘 생기고, 또 악성인 경우도 있으므로 정기적으로 점검해준다.

음식에 대한 기호가 달라지는 개도 있으므로 식사를 잘 하는지도 확인한다. 또 노령견이 되면 정기검진도 중요하다. 각종 노화 신호를 놓치지 말고 반려견의 몸 상태에 맞추어 식사와 생활환경을 바꾸어 주어야 한다. 노화가 멈추는 것은 아니지만, 반려인의 보살핌으로 진행속도를 더디게 할 수는 있다. 그것이 반려견이 장수하는 비결이다.

내 강아지 장수하는 비결

❖ contents ❖

가장 먼저 알아두어야 할 기초지식 20 … 2

장수견의 반려인 전격 인터뷰!
반려견이 장수하는 비결은? … 9

반려견을 장수시키는 힌트집 80 … 17

일상생활에서 신경 써야 할 것 40 … 18
조금 이상한데? 알아두어야 할 이상 신호 30 … 34
노령견이 되었다면 신경 써야 할 것 10 … 50

좋은 주치의 찾기와 비용 이야기 … 56
좋은 주치의 고르는 법
백신, 치료비, 수술비, 입원비 등 의료비 표준 일람표

반려견이 건강해지는 증상별 효과 있는 마사지 … 60

[최신] 반려견과의 이별 정보 … 62
장례는? 장묘는?

개는 냄새에 민감!

개의 후각은 인간보다 약 100만 배에서 1억 배나 민감하다고 한다. 사람에게 좋은 향이 개에게는 악취로 느껴지는 경우도 있으므로 주의가 필요하다. 그 중에서도 코가 긴 개는 후각이 더욱 민감하다.

| 개의 후각세포 | = 약 7000만~2억2000만 개 |
| 인간의 후각세포 | = 약 500만~2000만 개 |

개와 인간은 수명이 다르다!

개는 인간보다 수명이 짧다. 대형견은 9세 전후, 소형견은 13세 전후가 고령견이다. 얼마나 사는가는 개체별로 차이가 있으며 장수를 위해서는 일상적인 케어가 중요하다.

| 개의 수명 | = 대형견 약10~15년
소형~중형견 약15~20년 |
| 인간의 수명 | =약60~100년 |

개는 미각에 둔감!

개는 인간보다 미뢰(맛을 느끼는 세포)가 적어 맛에 둔감하다고 알려져 있다. 또 짠 것은 내장에 부담을 주고 단 것은 비만을 초래하므로 식사는 자극적이지 않은 것으로 준다.

| 개의 미뢰 | = 약 1700개 |
| 인간의 미뢰 | = 약 9000개 |

보행방법이 다르다

개는 사지 보행 동물이다. 물갈퀴와 발톱을 가지며 뒷발 엄지발톱은 퇴화되어 있다. 사지동물이므로 체온이 낮고 지면의 열을 그대로 흡수하므로 한여름 산책 시에는 체온관리에 신경 쓰도록 한다.

개의 침에는 소화효소가 없다

개는 음식물을 거의 씹지 않고 삼키기 때문에 침에 소화효소가 없다. 침은 음식물을 삼킬 때나 체온 조절에 이용된다..

털 때문에 개는 더위에 약하다

개는 전신이 털로 덮여 있고 땀샘이 없기 때문에 체온조절이 어렵다. 특히 한여름에는 온도 조절이 중요하므로 에어컨이나 선풍기를 틀어 열을 식혀 주자.

가장 먼저 알아두어야 할 기초지식

개의 연령과 인간의 연령 대조표

개(소형~중형)	인간	개(대형)	인간
1개월	1세	1개월	1세
2개월	3세	2개월	3세
3개월	5세	3개월	5세
6개월	9세	6개월	7세
9개월	13세	9개월	9세
1년	15세	1년	12세
2년	24세	2년	19세
3년	28세	3년	26세
4년	32세	4년	33세
5년	36세	5년	40세
6년	40세	6년	47세
7년	44세	7년	54세
8년	48세	8년	61세
9년	52세	9년	68세
10년	56세	10년	75세
11년	60세	11년	82세
12년	64세	12년	89세
13년	68세	13년	96세
14년	72세	14년	103세
15년	76세	15년	110세
16년	80세		
17년	84세		
18년	88세		
19년	92세		
20년	96세		

성견이 되면 성장속도가 달라진다

소형~중형견은 3년차 이후부터

소·중형견은 태어나 1년이 되면 약 15세, 2년이면 24세로 성장한다. 3년차 이후는 1년에 4세씩 나이가 든다고 생각하면 된다.

대형견은 2년차 이후부터

대형견은 1년이 되면 약 12세까지 성장한다. 2년차 이후는 인간의 나이로 환산하여 1년에 7세씩 나이가 든다고 생각하면 된다.

개가 잘 걸리는 질병은?

노견이 되면 면역력이 저하되어 각종 질병에 잘 걸리게 된다.
여기서는 개가 잘 걸리는 질병과 감염증에 대해 알아보자.

감수(P6-7) | 우스키 아라타(臼杵 新. 우스키 동물병원 원장)

~ 암이나 당뇨병 등 생활습관에 의해 발병되는 질병에 주의 ~

인간의 삶이 진화되어 가면서 개들의 환경도 달라졌다. 식생활이 향상되고 의료 환경이 잘 구비되어 개들의 수명이 매년 길어지고 있다. 한편 인간의 생활습관병과 같은 질병도 늘고 있다. 선천적인 질환을 제외하고 특히 많이 발병하는 암이나 심장병, 당뇨병 등은 비만이나 생활습관, 스트레스에 크게 영향을 받는다. 적당한 운동은 물론이고, 살이 찌지 않도록 식생활을 관리해주고 스트레스를 해소해주는 등 생활환경을 정비해주는 것이 좋다. 또 7살이 넘으면 1년에 여러 번 정기검진을 받도록 해서 반려견의 신체 변화에 대응하자.

심장병!

노화에 따른 심장 기능 저하가 원인

심장이 나빠지면 전신으로 혈액 공급이 원활하지 않아 폐에 물이 차거나 붓는 등의 증상이 나타나는 경우가 있다. 기침을 자주 하거나 운동할 때 호흡이 거칠고, 쉽게 지치거나 배나 다리가 붓는 증상이 나타나면 일단 검사를 받도록 한다. 소형견은 승모판 폐쇄 부전증, 대형견은 심근증 등에 잘 걸린다는 통계가 있다.

주된 심장병

심부전
승모판 폐쇄부전증
심근증

암·종양!

암은 조기발견 및 조기치료가 중요

고령견의 사망 원인 중 절반이 암이라고 할 정도로 잘 걸리는 질병이다. 악성과 양성 두 종류가 있으며 악성 중에서 많은 것이 피부암과 유선종양, 골종양 등이다. 종양의 징후로는 구토나 설사, 멍울 등이 있다. 이상하다고 생각되면 수의사와 상담한다. 단, 초기인 경우는 판정이 상당히 어렵고, 다른 질병일 가능성도 있으므로 주의가 필요하다.

걸리기 쉬운 암

피부암   편평 상피암
유선종양   골종양

가장 먼저 알아두어야 할 기초지식 20

당뇨병!

살찌지 않도록 하는 것이 가장 중요

당뇨병은 인슐린 작용이 악화되어 생기는 병이다. 인슐린의 분비가 저하되어 당이 세포 내로 흡수되지 못하고 혈액 속에 섞여 오줌으로 배출되는 것이다. 잘 먹는데도 마른다거나 많이 먹고 오줌도 많이 배출하는 등의 증상이 있으면 특히 주의한다. 당뇨병이 진행되면 백내장이나 신장염에 걸리기 쉬우므로 예방하기 위해서는 살이 찌지 않도록 하는 것이 중요하다.

주된 심장병

당뇨병   백내장   신장염

호흡기 질병!

기침이나 거친 숨, 호흡곤란에 주의

의외로 많은 것이 호흡기질환이다. 특히 살이 찐 소·중형견에 많은 것이 기관허탈이다. 기관을 지지해야 할 연골이나 막이 변형되어 기관이 찌그러지면 호흡이 힘들어진다. 만성적인 기침이나 거친 숨소리가 특징이다. 경증일 때는 기관지 확장제로 치료하고, 중증일 때는 수술을 한다. 이 밖에도 노견에게 많은 폐렴·기관지염에도 주의가 필요하다.

걸리기 쉬운 암

기관허탈   기관지염   폐렴

감염증!

백신 접종이 극적 효과를 낸다

현재 광견병은 한국에서는 매우 드물고, 필라리아도 줄어 감염증이나 기생충은 찾아보기 힘들다. 하지만 고령견의 경우는 감염되면 바로 죽을 수도 있다. 선택사항이지만, 밖에서 개를 키우거나 산책 중에 다른 개와 놀게 하는 경우는 예방 차원에서 광견병 외의 다른 백신도 접종해두면 안전하다.

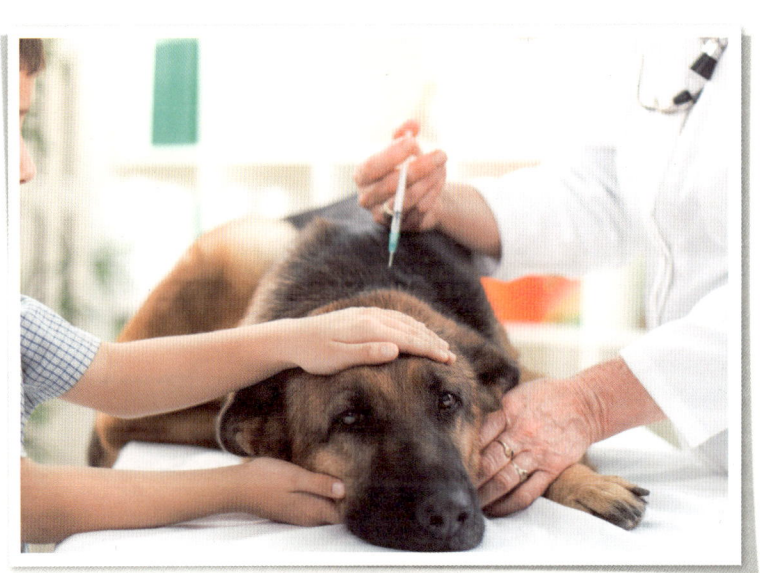

주된 감염증

광견병

광견병 바이러스에 감염되면 개의 성격이 포악해진다. 광견병은 인간에게도 감염되며 개, 사람 모두 치료법이 없으므로 확실하게 예방접종을 받도록 한다.

필라리아

필라리아에 감염된 모기에게 물리면 감염된다. 필라리아는 체내에서 부화하여 서서히 증식하여 심장 등에 부담을 주고, 간혹 죽음에 이르는 경우도 있다. 필라리아 예방에는 먹는 약이나 주사가 효과적이다.

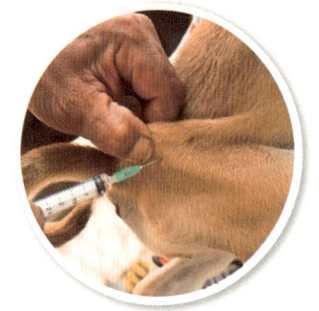

디스템퍼

디스템퍼 바이러스에 감염된 개의 비말 감염(기침이나 재채기 시의 침이나 가래) 및 접촉성 감염 외에 브러시나 밥그릇 등을 공동으로 사용하면 감염된다. 발열, 식욕부진 등 감기와 비슷한 증상이 나타나며, 백신 접종으로 감염을 예방할 수 있다

개 파라인플루엔자
(켄넬코프)

디스템퍼와 마찬가지로 감염 경로는 접촉성 감염과 비말 감염이다. 기침이나 발열을 일으켜 노견의 경우는 중증으로 발전하기 쉽고, 사망한 예도 있으므로 조심한다. 이때도 백신 접종이 효과적이다.

※각종 치료비, 백신 접종비 기준은 P58-59 참조

가장 먼저 알아두어야 할 기초지식 20

장수하는데 반드시 필요한 것

애견의 장수를 위해 반려인이 할 수 있는 일은 상당히 많습니다.
그중에서도 아래 4가지 포인트에 신경을 쓴다면 더욱 건강하게 오래 살 수 있을 것입니다!

~ 반려견과 하루라도 더 함께 하기 위해서 ~

인간이든 동물이든 노화를 막을 수는 없지만 병원의 의료체제나 반려인의 의식이 향상된 지금은 그 노화를 늦추기 위해서 여러모로 노력은 할 수 있다.
주거환경이나 애견의 식생활을 정비하고, 정기검진을 자주 받도록 해주는 등 애견이 생활하기 좋은 환경을 만들어주는 것이 좋다. 특히 질병의 초기 증상은 반려인이 알아차리기 힘들므로 이상 징후를 느꼈다면 바로 의사에게 진찰을 받도록 한다. 또 개는 스트레스를 잘 받으므로 되도록 스트레스를 해소시켜 주자.

개에게 맞는 식생활

장수를 위해서는 몸에 좋은 음식을 주는 것이 상당히 중요하다. 엄선한 Dog Food 등 밸런스가 좋은 식사를 적정량 주고, 과식은 절대 금물이다. 개가 원하는 대로 과하게 주면 비만해지고 각종 질병을 초래한다.

스트레스를 최대한 줄인다

인간과 마찬가지로 개에게도 스트레스는 큰 적이다. 적당한 크기의 장소에서 키우고, 산책 등 규칙적으로 운동을 시킨다. 연일 집을 비우면 스트레스를 받으므로 부재 시간을 줄이는 등 대처법을 강구하기 바란다. 또 함께 생활하는 다른 애완동물로부터 심한 학대를 받는 경우는 분리시켜 생활하도록 하는 것이 좋다.

적절한 교육 으로 현명한 삶을

반려인을 항상 주인이라고 인식하도록 어릴 때부터 교육을 철저히 시킨다. 이 시기에 잘못 키우면 분리불안이나 알파신드롬(p31참고) 등의 문제행동을 일으키기 쉽다.

이상 징후를 신속하게 알아차린다

개는 말을 못하기 때문에 그 마음을 충분히 헤아리기가 어렵다. 그래서 더욱 일상적인 관찰과 스킨십으로 반려견의 이상 징후를 신속하게 알아차리는 것이 중요하다. 이상 징후가 보이면 바로 병원에 상담하거나 진찰을 받도록 한다.

장수견의 반려인 전격 인터뷰

애견이 장수하는 비결

- 보조 의복으로 즐겁게 산책
- 항상 정해진 식사량만!
- 월1회 정기검진으로 질병 예방
- 산책은 천천히 1시간
- 드라이 푸드의 기름기 제거가 포인트
- 숙면을 취하게 한다
- 말고기를 준다!
- 짧게 자주 산책

애견이 장수하는 비결

CASE 1
다리가 약해도 산책
보조 의복을 입고

이름 모모 (시츄)

두 번의 수술을 경험하고 신장과 간장 기능이 약하다. 식사와 산책 횟수에 신경 쓰면서 퍼그, 토이푸들(모두 13세)과 함께 살고 있다.

파트너 이와야나키

시내에서 이용원을 경영하는 이와야나키 유키오 씨. 첫 주인이며 파트너이기도 한 코지마 씨, 여동생 가족, 부모님과 함께 살고 있다. 주말 산책은 코지마 씨가 맡고 있다.

엄선한 식재료로 즐거운 식사 타임

츠키지에서 산 닭가슴살과 감자, 살짝 데친 말고기, 수제 햄버거 등 몸이 약한 모모를 배려하여 엄선한 재료들로 만든 특별식을 준다.

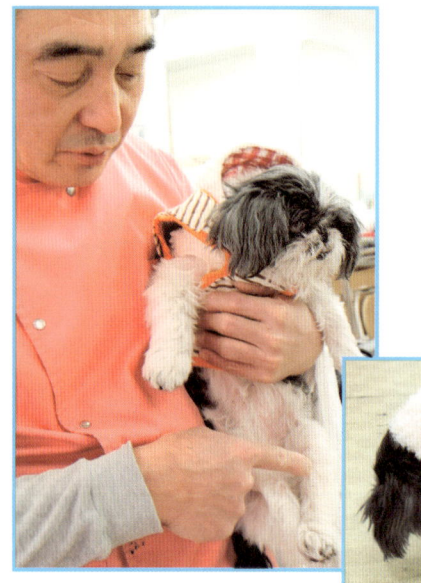
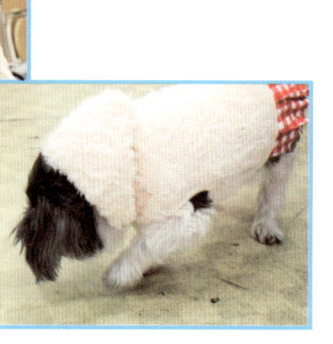

이용원에서도 쾌활하게 활보, 고객 사랑 듬뿍 받아

이와야나키 씨가 경영하는 이용원에서 졸졸졸. 다른 두 마리와 함께 간판견으로서 손님들에게 많은 사랑을 받고 있다. 전에는 낯을 가렸지만 점차 온순한 성격으로 변했다고 한다.

다치기 쉬운 돌출 눈 안약으로 치료

시츄는 안구가 돌출되어 있어 다치기 쉬우므로 두 달에 한 번 안약을 처방받아 넣어준다. 그 밖에도 평소 비타민제와 소염제도 준비하여 건강하고 쾌적하게 지낼 수 있도록 신경 쓰고 있다.

모모의 주치의로부터

오젠지 펫 클리닉 **코지마 아키라**

항상 밝고 건강한 가족 분위기가 고스란히 모모에게 전달되고 있는 것 같습니다. 몸이 약해서 한여름에는 자주 아픈데 지금은 컨디션이 좋은 것 같습니다. 체중을 관리하면서 먹고 싶은 것을 주고, 적당히 산책을 시키는 지금 생활을 되도록 오래 유지하여 즐겁게 지내시기 바랍니다.

모모의 의료비 etc.

☑ 건강진단(혈액검사 연2회)	5,000원/1회
☑ 안약(두 달에 1회)	5,000원/1회
☑ 비타민제 소염제	2,260원/1개월
☑ 트리밍 비용(두 달에 1회)	6,500원/1회 (얼굴과 몸 따로)

※견주의 명세서를 바탕으로 산출.

을 즐긴다 출발!

소형견 17살 ♀ (사진 맨 뒤)

규칙적인 산책과 손수 만든 식사가 기본

5세에 자궁축농증, 유선염을 앓아 긴급수술을 한 모모. 원래 간장과 신장이 약해 정기검진 때 컨디션에 따라 약을 처방받고 있고, 트리밍 할 때도 힘들지 않도록 '얼굴과 몸'을 두 번에 나누어 커트하고 있다.

백내장에 걸리고 뒷다리가 약해진 요즘도 산책을 즐긴다. '새벽 1시나 3시경에 산책을 가자며 일부러 재채기나 기침을 하면서 보채는 때도 있어요. 물론 데리고 나갑니다.' 집에서는 비틀비틀하지만, 산책을 나갈 때는 보행을 돕는 보조의복을 입혀 다리의 부담을 덜어주니 신나게 걷는다(사진①).

산책 시간은 대략 5~10분, 하루에 3~4번 정도 한다. 시간을 짧게 하고 대신 횟수를 늘리는 것이 모모의 산책 스타일이다.

'식사는 자연식으로 주고 싶다'는 이와야나기 씨 가족들의 바람도 있어서 다리에 좋다는 말고기와 생선버거, 츠키지에서 사온 닭가슴살과 감자를 시니어용 Dog Food에 섞어서 준다고 한다(사진②). 특히 수제 햄버거에는 두부와 톳, 닭고기 간 것, 청새치, 강낭콩 등 많은 재료가 들어가 있어 모모의 기호품이라고 한다. 또 닭가슴살을 간식 대용으로 주고 있다고 한다.

실내는 아이들의 컨디션에 맞춰 온도를 조절하는 등 모두 쾌적하게 지낼 수 있도록 관리하고 있다(사진③).

10세 무렵까지는 낮을 가려 으르렁대는 일도 많았는데, 가게에 오는 손님이나 지역 주민들로부터 애정을 듬뿍 받아서 그런지 지금은 성격이 온순해졌다고 한다.

이것이 비결!

살짝 다리를 들어주니 네 다리로 잘 걷는다. 편해서 그런지 산책을 가고 싶을 때는 모모가 신호를 보낸다.

영양을 생각해서 만든 애정이 듬뿍 담긴 식사

이용원 '다루마' 내부를 산책하듯 걷는 모모.

애견이 장수하는 비결

CASE 2
암 수술 & 항암제
극복하고 전이 없이

이름 Jas (헝가리안 비즐라) **파트너** 가와미

한 번도 아픈 적 없이 건강했던 Jas가 12살 때 암에 걸린다. 길어야 3개월이라고 했는데 1년 이상 건강하게 살고 있는 장수견이다.

수술 시의 입원기간 말고는 한번도 Jas랑 떨어져 본 적이 없을 정도로 늘 데리고 다니는 가와미 씨 일가. 반려견과의 유대감이 상당히 돈독하다.

느릿느릿 다리와 허리가 튼튼한 것은 평소 운동 덕분

다리와 허리가 튼튼한 것은 매일 계단을 오르내리기 때문이다. '엘리베이터를 타려고 하면 상태가 좋지 않다는 것을 알 수 있어요.' 산책을 아주 좋아해서 산에 오르면 기분이 절정에 달한다!

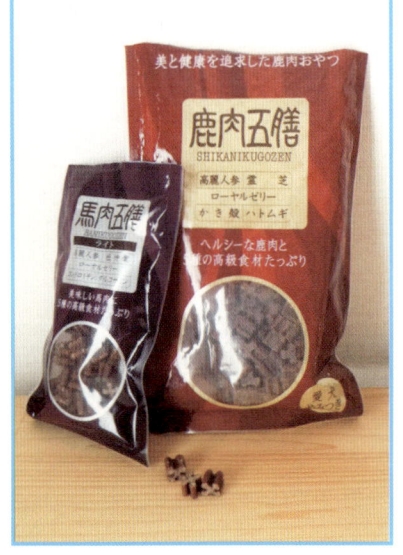

효과가 있는 걸까? 세 조각만 먹어도 파워 충전 완료!

평소 간식은 먹지 않지만 힘들어 할 때는 사슴고기나 말고기를 준다. '이것만큼은 오랫동안 맛을 음미하며 먹습니다.'

일단 푹 자면 금세 회복된다!

특별히 좋아하는 장소가 있으면 일단 안심이 된다. 3인용 소파는 Jas의 지정석. 흔들어도 모를 정도로 깊이 자고 있는 Jas의 건강 비결은 숙면인 것 같다.

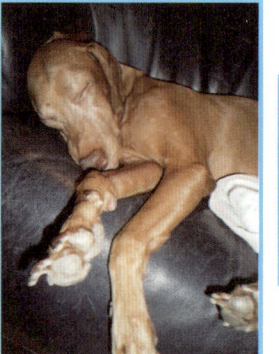

Jas의 주치의로부터

기후대학 동물병원 종양과 **이시자키**

Jas의 종양은 상당히 악성으로 알려진 암이었는데, 수술 후에 부작용 없이 항암제를 6회 투여 받고 아주 좋아졌습니다. 정기검진에서도 이상 소견이 없었으니 앞으로도 건강하길 바랍니다. 탄수화물은 암의 영양원이 되므로 소량 먹는 것이 좋다는 등의 일상적인 조언도 하고 있습니다.

CT 검사 결과에 대해 반려인에게 설명하고 사진 데이터를 담아준다.

Jas의 수술과 항암제 치료에 든 비용

☑ 수술비(비장적출 병리조직학적 검사, 투약, 실밥풀기, 마취 등 수술 비용)	1,510,000원
☑ 입원비	112,000원/2일간
☑ 항암제치료(혈액검사포함)	195,000원/1회
(정기검진)	
☑ CT검사(마취포함)	321,000원/1회
☑ 혈액검사	85,000원/1회

※견주의 명세서를 바탕으로 산출.

치료를 완치 해

대형견 13♀살

암을 극복하고 장수의 길로 진입

스스로 차에 올라 타 가와미씨 가족의 일원이 된 Jas. 어릴 때부터 큰 병 없이 지냈으며, 정기검진과 필라리아 약을 받으러 갈 때만 병원에 갈 정도로 건강한 아이였다고 한다.

목줄도 케이지도 없이 자유롭게 온 집안을 활보하고 다니며 밖에 나가는 것을 좋아한다. '식사도 테이블에 앉아 함께, 목욕도 함께, 잘 때도 침대에서 같이 잡니다. TV를 볼 때도 Jas가 좋아하는 소파에 앉아 함께 봐요.'

그렇게 지내던 Jas가 11살이던 어느 여름 이상하게 기력이 없어 보이고 오줌을 싸는 등 이상 행동을 보이기 시작했다. 식욕은 있는 것 같은데 이전보다 먹지 못했다. 이래서는 안 되겠다 싶어서 병원에 데리고 갔는데, 거기서 예기치 못한 암 선고를 받았다!

엑스레이 검사 결과, 위를 압박할 정도로 큰 종양이 있었다. 몇 시간 후에 바로 긴급 수술을 했다(사진①). 비장적출수술 후 집에서 식이요법(사진②)을 진행했고, 6회에 걸친 항암제 치료 후 재발 없이 건강하게 지내고 있다.

수술을 받기 전 길어야 3~6개월밖에 살지 못한다고 했는데 벌써 1년 반이 지났다. 지금도 재발 여부를 위해 3개월에 한 번씩 검진을 받고 있으며, 평소 자유롭게 생활할 수 있도록 신경 쓰며 건강을 돌보고 있다. 가족들도 사소한 이상 신호라도 놓치지 않기 위해 아이 컨택과 대화를 소홀히 하지 않는다고 한다(사진③).

이것이 비결!

편안히 자신의 페이스대로 즐기면서 지내는 것이 가장 좋은 비결이다.

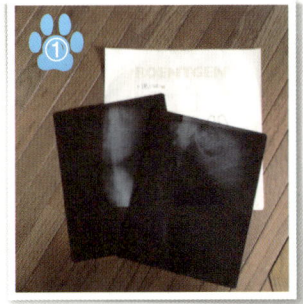

살이 쪘나? 생각했는데 엑스레이에 비친 것은 직경 약 15cm의 2kg에 달하는 커다란 종양! '많이 아팠을 텐데…생각하니 미리 알아차리지 못했던 제 자신이 너무 미웠습니다.'

삶은 양배추에 곡류와 야채, 허브 등 밸런스가 좋은 드라이 푸드 '본 사르테 베이스 DRY'를 넣고, 도미나 넙치 등 찐 생선과 자연 소재로 만든 Natural Nurse를 넣은 장수 밥상. Dog food는 'WAN NO HANA'에서 구입하고 있습니다.

항상 아이 컨택을 통해 의사를 표현하는 Jas. '말은 못하지만 통하는 게 많아요!'

애견이 장수하는 비결

CASE 3 규칙적인 생활과 정기검진으로 **질병 예방**

소형견 18살 ♂

이름 **Non** (요크셔테리어)

파트너 **미야자키**

자유분방하고 급했던 성격이 나이들면서 조금씩 차분해졌다고 한다. 지금껏 큰 병치레 한 번 없었고, 감기도 잘 걸리지 않는 건강한 시니어 견.

사이타마현 구마모토시에 사는 미야자키 씨 가족. 몇 년 전까지 매일 자전거로 산책을 시켰고, 지금도 검진을 빼놓지 않고 하는 등 규칙적인 관리로 Non의 건강을 관리하고 있다.

눈도 귀도 약해졌지만 여유롭게 건강한 생활

몇년 전까지는 미야자키 씨가 운전하는 자전거 앞 바구니에 타고 신나게 공원이나 강변을 달렸는데, 요즘은 하루 세 번 정도 현관 밖에서 볼 일을 보는 것으로 산책을 대신한다 (사진①).

하루의 반을 집에서 보내고 있다. 백내장에 걸리고, 귀도 잘 들리지 않아 냄새를 맡으면서 조심스레 걷지만 자기 발로 걷고, 식사를 하고 물을 마신다. 지금까지 크게 아픈 적도 없었고, 감기도 거의 안 걸린다는 Non. 그 건강은 매월 하는 건강검진과 정해진 시간에 먹는 식사, 산책 등 규칙적인 생활 때문인 것 같다.

식사는 시니어 용 Dog Food에 닭가슴살 치즈를 찢어 섞어준다. 소량이지만 지금은 하루 한 번의 식사로 만족하고 있다. 과식하면 복통을 일으키는 때도 있어 먹이는 양에 신경을 쓰고 있다. Non 역시 젊었을 때보다 적게 먹는다.

털이 긴 Non도 여름에는 시원하게 짧게 자른다(사진②). 트리밍이나 식사양, 산책 시간 등 Non이 쾌적하게 지낼 수 있는 환경을 만들어주려는 가족들의 마음이 고스란히 전해진다.

이것이 비결!

① 하루에 3~4번 현관 밖에서 화장실 타임을 갖는다. 냄새를 맡으며 걷기 때문에 같은 곳을 오가는 때도 있다.

② 병원도 미용실도 싫어하지만, 트리밍을 하자 말끔해졌다!

Non의 주치의로부터

코지마 동물병원 **코지마 미치루**

Non이 진찰 받는 것을 별로 좋아하지 않는데도 매월 거르지 않고 검진을 받으러 오시는 모습을 보면 미야자키 씨 가족들이 철저하게 관리하고 있구나 하는 생각이 듭니다. 이대로 잘 지내준다면 틀림없이 건강할 겁니다.

하루 한 번 소량 OK 정해진 시간에 식사

활동하는 시간이 적은 요즘은 식사도 적게 준다. 시니어용 Dog Food에 닭가슴살 치즈 한 개를 잘게 찢어 섞어준다. 언제나 남기지 않고 다 먹는다.

편히 잘 수 있는 집도 아주 좋아한다

자유분방하고 급한 성격, 또 젊었을 때는 자주 짖고, 온 집안을 활보하고 다녔다는 Non이지만 지금은 대부분 카펫이나 매트 위에서 자는 때가 많다.

애견이 장수하는 비결

CASE 4

이빨을 15개나 뽑은 후, 양치질과 식사량 철저히 관리

이름 **푸** (토이푸들)   파트너 **아리마츠**   소형견 **14**♂살

생후 6개월 무렵에 아리마츠 씨가 입양한 푸. 치조농루와 요관 결석 치료를 겪었고, 매일 네 번 산책을 즐기며, 간판견으로서 인기를 모으고 있다.

사이타마현에서 부인 히로미 씨와 살고 있다. 마사지샵 두 곳을 운영하며, 5년 전부터 정기휴일을 빼고는 히로미씨가 일하는 점포로 매일 함께 출근. 여행 갈 때도 푸와 함께 한다.

두 번의 치료를 경험하고 더욱 신경 쓰게 되었다

치조농루에 걸려 이빨 15개를 뽑은 것이 2013년 1월 경이다. 그해 11월에는 요관 결석에 걸렸다.

요도에 돌이 쌓여 오줌이 나오지 않아서 카테터(인체에 삽입하는 가는 튜브관)로 돌을 방광으로 보내는 치료를 했다.

'약으로는 녹지 않아서 지금도 방광 내에 돌이 남아 있는 상태입니다.' 그래서 옥살산칼슘 결석에 주의하면서 하루 총 60g의 Dog Food를 따뜻한 물에 불려서 준다(사진①). 이전에는 자주 구토와 설사, 혈변을 봤는데 치아 치료 후에는 우연인지 모르지만 거의 증상이 없어졌다고 한다.

매일 히로미 씨가 일하는 마사지샵에 출근하는 푸(사진②). 산책은 아침 출근시간에 30분, 낮에 15분씩 두 번, 귀가 시에 30분, 총 네 번의 산책을 규칙적으로 하고 있다. 푸의 건강을 지키기 위해서 '치료 후 수의사의 권유도 있고 해서 양치질을 철저히 하고 있다. 또 가게에서도 많은 분들에게 사랑을 받아서 그런 지 좋아진 것 같다'고 말하는 히로미 씨.

푸에게 애정을 쏟는 만큼 아리마츠 씨 부부와 주위 사람들도 건강해지는 것 같다고 한다.

이것이 비결!

① 하루에 먹는 양이 60g이 되도록 조절하고 있다. 치아를 15개나 뽑았지만 개는 씹지 않고 턱 뼈를 이용해서 식사하므로 문제없다.

② 마사지 샵까지 가는 시간이 너무 즐거워서 그런지 발걸음도 가볍다 ♪

푸의 주치의로부터
아폴로 동물병원 원장 **스기이**

치조농루와 요관 결석 치료 후에는 부쩍 푸의 건강에 신경을 쓰고 계신 것 같습니다. 가장 중요한 것은 개에 대한 아리마츠 씨 부부의 의식이 상당히 높아 푸와의 유대감이 꽤 돈독하다는 점입니다. 산책 시간도, 횟수도 푸에게 맞춰 하고 계신 것 같고요! 계속해서 이런 상태를 유지하셨으면 좋겠습니다.

느긋하게 쉬는 것도 좋아할 나이

예전에는 늘 졸졸 따라다녔는데 2~3년 전부터는 보이는 범위 내에서 약간 거리를 두고 혼자서 느긋하게 누워 있을 때가 많다고 한다.

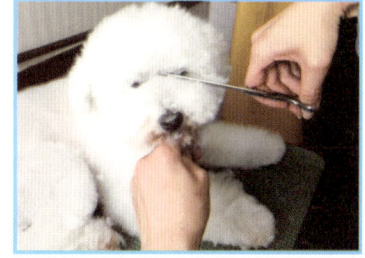

자랑거리 폭신폭신한 털 한 달에 한 번 트리밍

털 뭉치가 생기기 쉬운 토이푸들인 푸는 한 달에 한 번 트리밍을 한다. 항상 폭신폭신하고 깨끗하게 털을 관리하며 귀엽게 치장한다.

애견이 장수하는 비결

CASE 3 위장이 약하고 입이 짧다…
오가닉 Food로 건강하게

이름 **슈가** (잉글리쉬 세터)   파트너 **마에다**   대형견 **12살 ♀**

활동력이 뛰어난 잉글리쉬 세터답게 운동을 아주 좋아한다. 매일 아침 1시간씩 산책하는 것이 하루의 일과이다. 위장이 약해서 배가 자주 아프다.

시내에 사는 마에다 씨 가족. 집을 지을 때 강아지 화장실을 별도로 만들어줄 정도로 애견가이다. 매일 아침 산책과 식사 준비는 저체가 하고 있다.

언뜻 쿨한 것 같지만 가족에게는 응석쟁이

생후 2개월 때 입양한 슈가. 어렸을 때부터 자존심이 높아 종이 다른 개 두 마리와 함께 살 때도 별 관심을 두지 않았다. 그런데 3년 전 두 마리가 죽고 혼자 남게 되자 가족에게 응석을 부린다(사진①).

세터답게 달리는 것을 아주 좋아하는데 '10살 무렵에 허리에 응어리가 생기고부터는 그전처럼 전속력으로 달리지는 못해요.'라고 말하는 마에다 씨. 그래도 추운 겨울에도 새벽 4시부터 1시간 정도 산책을(사진②) 즐길 만큼 운동량이 많고, 식사보다 산책을 더 좋아한다. 지금까지 크게 아픈 적은 없었지만 위장이 약하고, 늘 초봄이 되면 귀에 염증이 생긴다. 6개월에 한 번 에코, 심전도, 혈액검사를 받아 건강상태를 꼼꼼하게 체크하고 있다. 또 입이 짧아서 기름기를 뺀 오가닉 드라이 푸드에 손수 만든 비지, 닭가슴살, 양배추 등을 섞어서 준다(사진③). 식후에는 디저트 요구르트가 기다리고 있다. 이것이 예민한 슈가의 건강을 유지시키는 원동력이다.

이것이 비결!

① 쿨한 모습과는 달리 가족에게는 응석을 부린다.

② 겨울에도 새벽 4시 30분에 출발. 1시간 맘껏 달리게 한 후 산책을 마친다.

③ 특별히 엄선한 드라이 푸드에는 크린베리 등의 말린 과일과 야채가 그대로 들어가 있다.

전용 공간에서 쾌적하게 지낸다

집을 지을 때 강아지 화장실을 따로 만들어주었다. 항상 쾌적하게 지낼 수 있는 환경을 만들어주어서 그런지 슈가도 스트레스 없이 지내고 있는 것 같다.

기름기를 확실히 빼고 몸에 좋은 재료를 섞는다

기름기 뺀 드라이 푸드 'CASTOR&POLLUX ORGANIX NATURAL Ultramix WEIGHT 매니지먼트'를 준다. 여기에 직접 만든 비지나 닭가슴살을 넣고 비지 파우더를 약간 넣는다.

감수 (P24-31, 35-55)
우스키 아라타
(우스키 동물병원 원장)

1974년 사이타마현 출신. 아자부 대학 수의학부 수의학과 졸업. 가나가와현 요코하마시 노다 동물병원 등을 거쳐 현재 사이타마시에서 우스키 동물병원을 운영하고 있다. 동물들의 장수를 위해서는 정기적인 검진이 중요하다는 신조로 매일 진찰에 임한다. 견주와의 커뮤니케이션을 통해서 최선의 치료법을 제안한다.

반려견을 장수시키는 힌트집 80

P18 · 40 일상생활에서 신경 써야 할 것
매일 한 가지 비법으로 건강하게 오래 살기!

P50 · 10 노견이 되면 신경 써야 할 것
반려견 연령에 맞춘 케어로 나이 들어도 건강하게!

P34 · 30 조금 이상한데? 알아야 할 이상 신호
반려견이 보내는 위험 신호로 질병을 조기 발견! 조기 치료!

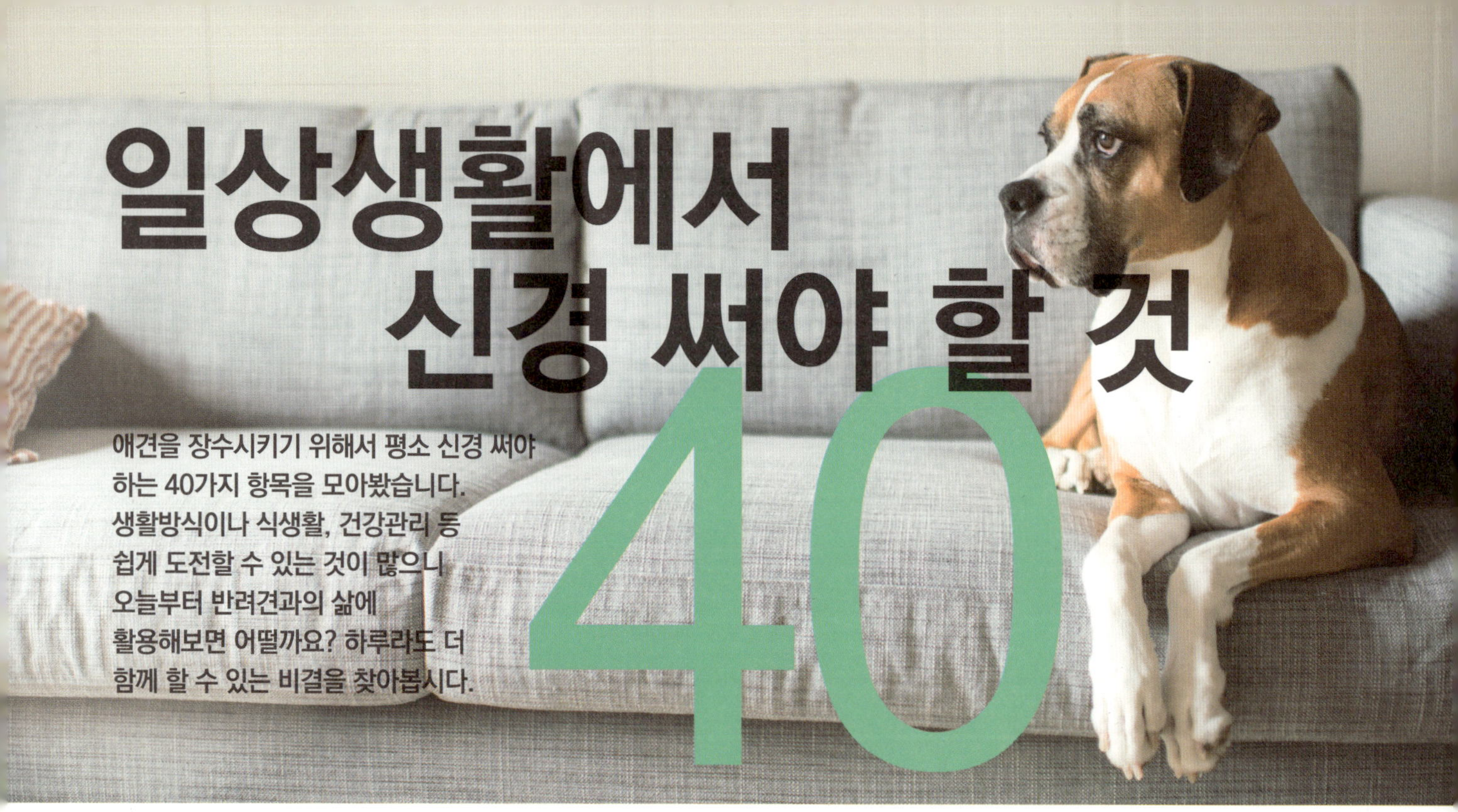

일상생활에서 신경 써야 할 것 40

애견을 장수시키기 위해서 평소 신경 써야 하는 40가지 항목을 모아봤습니다. 생활방식이나 식생활, 건강관리 등 쉽게 도전할 수 있는 것이 많으니 오늘부터 반려견과의 삶에 활용해보면 어떨까요? 하루라도 더 함께 할 수 있는 비결을 찾아봅시다.

~ 안전하고 건강하게 보낼 수 있는 생활방식 ~

조금만 신경 쓰면 반려견의 생활의 질은 훨씬 향상된다.
건강하게 오래 사는 비법이 여기에!

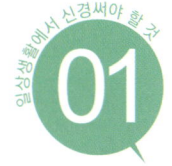

일상생활에서 신경써야 할 것 01

개는 실내에서 키우는 것이 좋다

집을 지키게 할 목적으로 개를 키우는 경우는 대부분 밖에서 키우는데 그러다 보니 질병이나 사고를 놓치는 경우가 많다. 실내에서 키우면 늘 반려견의 모습을 확인할 수 있어서 사고를 방지할 수 있고, 질병 신호도 바로 알 수 있다. 조금이라도 반려견이 오래 살기를 바란다면 실내에서 키우기 바란다.

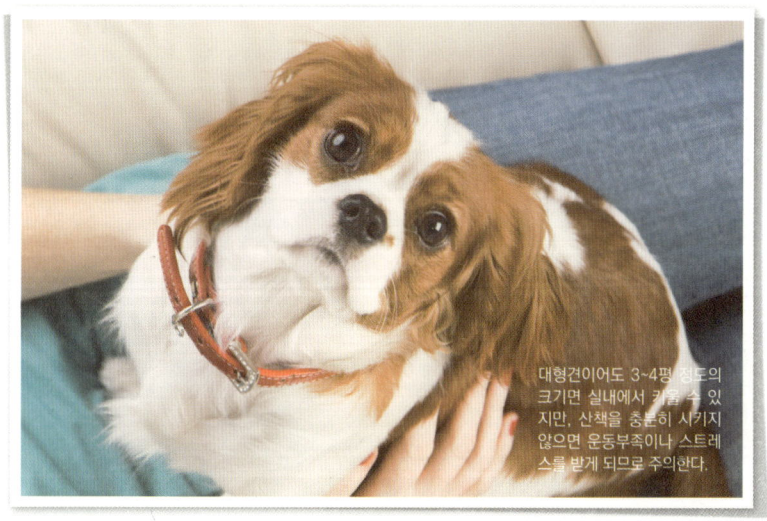

대형견이어도 3~4평 정도의 크기면 실내에서 키울 수 있지만, 산책을 충분히 시키지 않으면 운동부족이나 스트레스를 받게 되므로 주의한다.

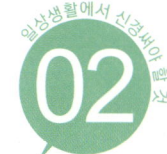

유기용제가 들어간 페인트를 잘못 마신 경우 억지로 토하게 하면 기도로 들어가므로 바로 수의사에게 전화해 지시를 받으세요.

일상생활에서 신경써야 할 것 02

오음·오식에 주의!

개는 호기심이 왕성해서 눈에 보이는 것은 무조건 입에 넣어 사고가 나는 일이 많다. 개는 독이 되는 것, 플라스틱이나 금속 등 소화가 되지 않는 것도 입에 넣으므로 개의 행동범위 안에 위험한 물건을 두지 않도록 조심한다. 과자나 약, 파 종류, 못 등의 금속 소품, 담배 등은 특히 주의한다.

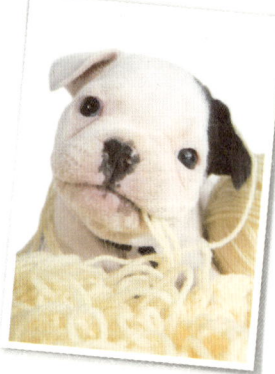

털실 등은 놀다가 실수로 입에 넣거나 몸에 말려 다치는 경우가 있으므로 높은 곳에 보관한다.

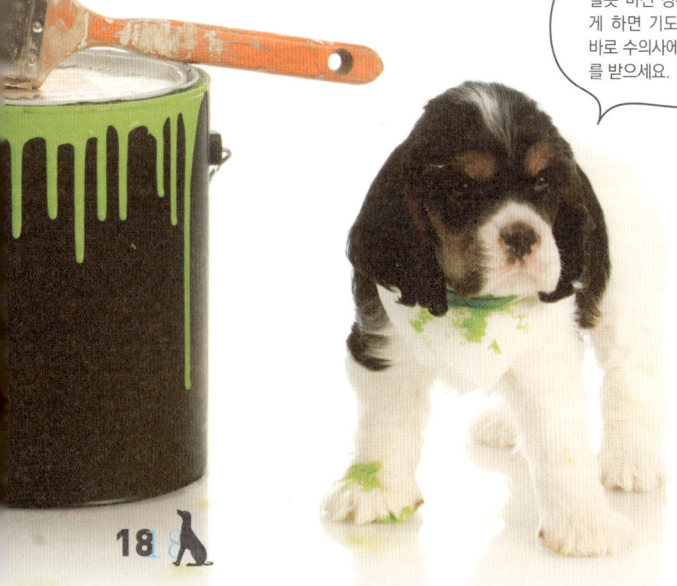

반려견을 장수시키는 힌트집

03
개를 생각해서 실내를 정돈한다

오음 오식과 마찬가지로 신경 써야 할 것이 가구나 소품, 계단에 부딪히거나 주방이나 화장실에서 생각지 못한 사고를 당하는 일이다. 소품은 서랍에 넣어두거나 높은 곳에 두는 등 개가 장난치지 못하도록 정리해둔다. 여러 번 다친 경우는 선반을 설치해 행동을 제한시키는 것이 바람직하다.

두루마리 휴지나 털실은 물론이고 세제나 꽃 등도 개에게는 상당히 위험하다. 은방울꽃은 치명적인 독을 가지므로 높은 곳에 두자.

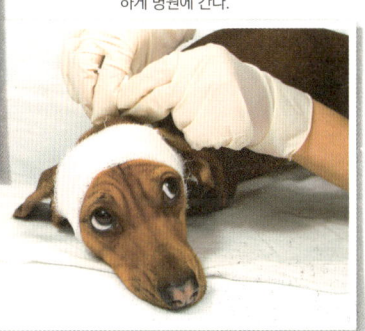

식기장이나 쓰레기통을 넘어뜨려 다치는 경우도 있으므로 가구 배치에도 신경 쓴다. 큰 사고를 당했을 때는 신속하게 병원에 간다.

04
샴푸는 한 달에 한 번이면 OK

털 결에 맞추어 드라이 해준다. 바람이 뜨겁지는 않은지 항상 손으로 확인하면서 말려주자.

손으로 살살 샴푸하고 헹군 후에 부드러운 천으로 물기를 닦아준다. 피부가 다치지 않도록 조심스럽게 다룬다.

본래 야생견에게는 샴푸가 필요 없다. 하지만 실내에서 키우다보면 지저분해지거나 냄새가 나므로 가끔씩 씻겨주는데 횟수는 한 달에 1~2번이 적당하다. 개의 피부는 민감하므로 가볍게 손으로 문질러 주는 정도면 충분하다. 일반 샴푸 외에 저자극성 또는 약용 샴푸도 있으므로 피부 상태에 맞게 선택한다.

냄새가 걱정된다면 케어 스프레이 등을 살짝 뿌려준다. 해충 방지에도 사용되는 허브 케어 레몬 티트리는 나가노(長野)산 무농약 레몬 티트리를 사용하여 안전하다.

05
견용 샴푸 선택법

견종이나 연령, 피부질환의 유무에 따라 개에게 맞는 샴푸를 선택한다. 반려견이 건강한 상태라면 일반 샴푸도 괜찮지만, 피부질환이 있는 경우에는 저자극성이나 약용, 오가닉 샴푸 등을 사용한다. 피부질환 치료를 받은 후라면 저자극성 샴푸를, 피부염이 있는 경우는 오가닉이나 약용 샴푸를 추천한다. 다만 약용 샴푸는 자극이 강하므로 사용할 때는 설명서를 잘 읽어보자. 최근에는 각 견종에 맞게 만들어진 샴푸도 인기가 있다.

일반

일반 견용 샴푸
털에 윤기를 주는 Joy Quick Half Treatment in Shampoo(성견용) 300ml. 린스가 들어 있고 빨리 마르며 탈취 효과가 높다.

저자극성 샴푸
피부가 약한 개는 저자극성 샴푸가 안전하다. 천연 온천 미네랄이 함유된 Kozgro Spa Pet Shampoo 300ml는 알레르기의 원인 물질을 배제하여 안전하며, 천연 아로마 오일 향도 매력적이다.

일반 ← → 부드럽다

견종별 샴푸
견종별 샴푸도 추천. Joy Quick One Treatment in Shampoo 250ml는 빨리 마르므로 노견에게 적합하다. 푸들, 치와와, 닥스, 시바견 등 4종류가 있다.

오가닉 샴푸
피부 때문에 오가닉 샴푸를 선택할 수도 있다. Mifido Delicate coat 용 Organic Shampoo 50ml. 이탈리아산 머드와 미네랄워터, 허브가 함유되어 털을 윤기 있고 부드럽게 해준다.

프리미엄

19

~ 반려견의 수명을 연장시키는 식생활 ~

질 좋은 음식을 주고, 몸에 해로운 식재료는 피해
반려견의 건강을 향상시켜 장수를 목표 하자!

06 개가 먹으면 안 되는 것

말린 살구
말린 살구는 위액을 흡수하여 부피가 커져 위 확장을 일으킨다.

파 종류
부추나 마늘을 포함한 파 종류는 개의 적혈구를 파괴하므로 절대 주면 안 된다.

사람에게는 맛있는 음식이지만 개에게는 위험한 식품이 있다. 파 종류는 개의 적혈구를 파괴하여 혈뇨와 빈혈을 일으키며, 건포도는 위에 들어가면 부풀어 오르고 신장에 독성이 있다. 닭 뼈나 생선 가시는 식도나 위장을 다치게 할 위험이 있으므로 피하는 것이 좋다. 그 밖에 간장 장해(障害)를 일으키기 쉬운 향신료나 잘못 먹기 쉬운 비닐 포장된 과자 등도 위험하므로 가까이에 두지 않는 것이 좋다.

건포도
위 속에 들어가면 부풀어 오르고 신장에 독성도 있다. 또 위염도 잘 일으킨다.

닭뼈, 생선가시
날카로운 뼈가 식도나 위장을 찌르면 급성 복막염을 일으키는 경우가 있으므로 주의가 필요하다.

자일리톨
자일리톨이 간장에 손상을 주어 소량으로도 죽음에 이르는 경우가 있다.

07 개에게 적극적으로 먹여야 하는 것

질 좋은 Dog Food
견종이나 연령에 맞는 것을 적정량 주고, 신선한 물도 같이 주자.

※ P에 대해서는 뒤쪽에 상세하게 기재되어 있다.

질 좋은 Dog Food는 물론이고, 섬유질이 많은 호박이나 양배추 등으로 만든 스프, 단백질이 풍부한 육류나 생선 등을 추천한다. 단, 염분은 개의 몸에 부담을 주므로 간을 하지 말고 준다. 또 비타민이 풍부하고 정장작용이 있는 사과나 바나나 등의 과일류도 잘 활용한다. 이런 종류는 껍질이나 씨앗을 제거하고 주도록 한다.

8세 이상의 중·고령견에게 초점을 맞춘 Bread Health Nutrition 8세 이상 중·고령용(Royal canin). 닥스훈트, 치와와, 푸들 등 인기 견종별로 종류가 다양하다.

7세 이상의 비만 견에게 칼로리와 지방분을 줄인 'Science Diet 시니어 라이트(일본 Hills)'를 준다. 고령견의 건강을 유지시키면서 체중을 관리해준다.

육류, 생선
단백질은 뼈와 근육의 유지를 위해 적극적으로 주자. 단 반드시 가열해서 준다.

소화 잘 되는 음식
야채, 버섯 등을 삶아서 주는 것이 좋다. 단 단백질이 부족하지 않도록 신경 쓴다.

반려견을 장수시키는 힌트집

위험한 Dog Food 구별법

요즘은 견종, 연령, 체중 별로 Dog Food를 선택할 수 있도록 되어 있다. 가게에는 많은 상품이 진열되어 있는데 크게 '종합영양식' '간식' '기타 목적식' 으로 나누어진다. 종합영양식은 필요한 영양이 고루 갖추어져 있어 물만 주면 건강을 유지할 수 있다. 여기에는 '레귤러' '프리미엄' 등이 있는데 명확한 기준이 없으므로 '프리미엄=품질 중시' 정도의 분류라고 생각하면 된다.
그 중에서 'AAFCO(미국사료협회)의 성견용 기준 통과' 라고 적힌 것을 선택하면 좋다. 일반적으로 유명 브랜드의 프리미엄 상품이 안전하다고 할 수 있다. 또 첨가물이 적은 것이 좋다. 이 부분은 반려견이 먹는 양이나 예산 등을 고려해서 종합적으로 판단하자.

레귤러 푸드

초밥으로 말하자면 '보통' 정도의 Dog Food. 저렴한 것이 많고 품질은 유명 브랜드보다 다소 떨어지지만 간혹 저렴하고 질 좋은 상품도 있다.

프리미엄 푸드

프리미엄 푸드는 '상' 정도의 Dog Food를 말한다. 하지만 간혹 상태가 좋지 않은 고기나 소맥분, 옥수수를 사용하는 경우도 있으므로 주의한다.

Dog Food의 레벨 보는 법

목적은?
'종합영양식'은 영양 밸런스가 잡힌 견용 푸드를 말한다. 간식용은 '간식'이라고 표기된 경우가 많고, 보조제 등은 '영양보조식품'이라고 표기된 경우도 있다.

영양성분은 어느 정도 들어 있는가?
푸드에 들어 있는 주된 영양소나 수분량이 퍼센트로 표시되어 있다. 또 브랜드에 따라서는 칼로리가 표기되어 있기도 하다.

언제까지 먹으면 되는가?
푸드회사에서 지정한 보존 조건 내에서 미개봉 상태로 보관한 경우의 유통기한을 말한다. 이 경우는 2018년 12월 14일까지가 유통기한이다.

어떤 원료를 사용하고 있는가?
사용한 원재료나 첨가물을 표시. 이 경우는 '산화방지제'가 첨가물이다. 양심적인 브랜드는 원재료의 산지를 명기하기도 한다.

Dog Food
- 성견용 종합영양식
- 중량 : 3kg
- 주는 방법 : 성견 체중 1kg당 하루 ○○g을 기준으로 하고, 하루 2회 이상 나누어 준다.
- 성분 : 조단백질 18% 이상, 조지방 5% 이상, 조섬유질 5% 이하, 조회분 8% 이하, 수분 12% 이하
- 원재료 : 곡물(옥수수, 소맥분), 육류(소고기, 닭고기), 동물성유지, 야채류(시금치, 당근) 미네랄류(P, Ca), 비타민류(A,B,C), 산화방지제
- 유통기한 : 20181214
- 원산지 : 한국
- 판매처 : 모리스 펫 푸드 주식회사
서울 서초구 강남대로95길 66 1F
제품에 관한 문의
010-2936-6171

이 상품은 펫 푸드 공정거래협의회가 정한 시험 결과, 성견용 종합영양식임을 증명합니다.

어디서 만들어진 제품인가?
푸드를 최종 가공한 나라 이름이 기재되어 있다. 일본산이나 미국, 유럽산 Dog Food가 인기가 있다.

검사는 받았는가?
이 경우는 일본의 펫 푸드 협회의 검사를 받아 성견용 종합영양식으로 인정받은 제품이다. 수입제품은 'AAFCO' 마크가 붙어 있는 경우도 있다.

09 간식은 기본만, 원칙은 필요 없다!

Dog Food는 종합영양식이므로 하루 권장 영양소가 충분하여 원칙적으로는 간식이 필요 없지만, 빈 집을 지키게 한다거나 훈육 후 포상으로 주는 경우에는 질 좋은 것을 조금만 준다. 간식을 지나치게 주면 비만해지거나 주식을 먹는 양이 줄어들고, 또 첨가물이 많아서 간장 장해나 알레르기를 일으키는 일도 있다.

※ Ⓒ에 대해서는 뒷면에 상세하게 기재되어 있다.

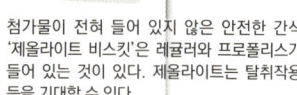
첨가물이 전혀 들어 있지 않은 안전한 간식 '제올라이트 비스킷'은 레귤러와 프로폴리스가 들어 있는 것이 있다. 제올라이트는 탈취작용 등을 기대할 수 있다.

사람이 간식을 먹을 때는 개를 다른 곳으로 이동시키는 방법도 효과적이다. 개에게 음식물을 보여주지 않는 것이 중요하다.

10 비만은 절대로 안돼요!

원한다고 계속해서 먹을 것을 주면 개는 순식간에 살이 찐다. 비만으로 인해 당뇨병이나 관절염 등 각종 질환이 발병하면 그것은 주인의 책임이며, 학대이기도 하다. 건강하게 장수시키기 위해서는 적량의 식사만 주고 간식은 주지 않는 것이 좋다. 또 매일 잊지 말고 운동도 시키자.

웰시코기 등 허리가 길고 다리가 짧은 개는 비만체질이 많고 살이 찌면 척골에 부담이 가므로 체중 관리는 필수적이다.

더 먹으려고 하는 경우는 가열한 버섯이나 야채 등을 푸드에 섞어서 준다.

11 다이어트에 가장 좋은 식재료는?

체중 감량을 위해 푸드의 양을 줄이면 개가 반발하거나 몸에 부담을 주는 경우가 있으므로 잘게 썬 야채나 한천, 곤약 등의 저칼로리 재료를 넣어 양을 늘린다. 또 다이어트 전용 Dog Food도 활용하면 좋다. 어떤 방법으로 체중을 감량시키는 것이 좋을지는 미리 병원에서 상담하기 바란다.

양을 늘리는 권장 식재료

양 늘리는 권장 식재료	주는 법
잘게 썬 야채 (양배추, 무, 양상추 등)	속쓰림을 일으킬 가능성이 있으므로 야채는 잘게 썬다. 데쳐도 좋지만 양이 줄어들므로 증량이 목적이라면 생야채를 권한다. 생으로 주거나 데쳐서 준다.
작게 깍둑썰기 한 한천	양을 늘릴 수 있는 한천. 작게 썰어서 준다. 단 양이 많으면 배가 아플 수도 있으므로 적당히 준다.
실곤약	데쳐서 떫은맛을 제거한 후에 1~2cm 정도로 잘라서 준다.

12 우유는 주의!

개는 우유를 좋아할 것이라는 인식이 있는데, 간혹 우유가 맞지 않아 설사를 하는 개도 있으므로 일반적으로는 피하는 것이 좋다. 마신 후 문제가 없으면 괜찮지만 너무 많이 주면 살이 찔 수 있으므로 적당히 준다. 우유에 물을 넣어 묽게 하거나 애견용 염소젖을 주도록 한다.

살이 찌거나 배탈이 나면 건강을 해친다. 장수하기 위해서라도 우유를 줄 때는 주의한다.

13 자주 바꾸지 않아도 OK

나이나 견종, 기호에 맞게 Dog Food를 선택했으면 기본적으로 매일 같은 것을 주면 된다. 다만 식욕이 떨어지는 여름철에는 맛에 변화를 주어 식욕이 나도록 배려해준다. 자주 메뉴를 바꾸면 개도 맛있는 것만 먹게 되고 그러면 살이 찔 수 있으므로 주의한다.

Dog Food는 효과가 나기까지 1~2개월 걸린다. 애견에게 맞는지 신중하게 선별한다.

14 물은 수돗물도 괜찮다!

최근에는 펫숍에서 견용 물을 판매하고 있는데 그렇게까지 민감하게 생각할 필요는 없다. 수돗물이나 사람들이 마시는 천연수(연수)로도 충분하다. 물도 개와의 궁합이 있어서 펫용 물 때문에 병에 걸리는 일도 있다. '애견용이니 좋겠지' 하고 선택한 것이 오히려 독이 될 수도 있으므로 이전부터 마시는 물을 주도록 하자.

수돗물로도 충분하므로 신선한 물을 듬뿍 준다. 요 결석을 앓는 개는 특히 물을 많이 주도록 한다.

15 음식 알레르기에 주의

인간과 마찬가지로 개에게도 알레르기가 있다. 개에게 많은 것이 알레르기성 피부염으로 과하게 가려워하는 증상이 나타나면 조심한다. 그 밖에 알레르기가 원인이 되어 구토나 설사를 하는 경우가 있다. 알레르겐은 '환경(스트레스나 공기 속 부유물 등)' '유전' '식생활(식재료)'로 크게 분류되며 이를 제거하면 증상이 호전된다. 원인 등은 혈액검사나 문진 등을 통해 판단하자.

알레르기가 있으면 스테인리스 식기를 사용하는 것이 좋다. 용기를 바꾸면 증상이 호전될 수도 있다.

알레르겐 보고가 많은 식재료

- 닭고기
- 유제품
- 옥수수
- 대두
- 달걀
- 양고기
- 밀
- 소고기

1 원인이 되는 식재료를 선별하자

식재료 알레르기인 경우에는 원인 식재료를 제거하는 것이 좋다. 특히 많은 것이 단백질을 포함한 식재료와 밀, 대두 등이다. 의심이 가는 식재료를 제거한 후 증상이 개선되는지 확인한다. 다만 다수의 식재료가 원인인 경우도 있으므로 판단은 수의사에게 맡긴다. 아마추어의 성급한 판단은 위험하다.

2 저알레르기 Dog Food를 먹여본다

수의사가 제안한 Dog Food를 주어 알레르기를 피하는 방법도 일반적이다. 특정 식재료를 넣지 않는 '제거식'이나 면역 시스템이 반응하지 않도록 단백질을 분해한 '가수분해식' Dog Food가 있다.

피부질환이 있는 견용 사료 'Prescription Diet d/d'. 오메가-3 지방산의 양을 조절하여 영양학적으로 염증을 관리하고, 알레르기가 잘 생기지 않는 단백질을 사용하고 있어 안심할 수 있다.

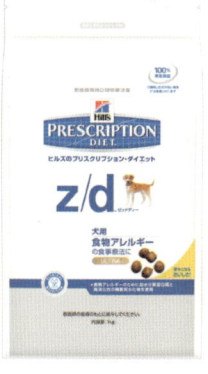

음식물 알레르기의 가능성이 낮은 가수분해 단백질을 사용한 사료 'Prescription Diet z/d Ultra'. 두 종류 모두 수의사와 상담 후 주도록 한다.

반려견을 장수시키는 힌트집

후라이드 치킨 등 맛이 강한 육류를 먹으면 평소 먹던 Dog Food를 먹지 않게 되므로 되도록 주지 마세요.

개가 좋아하는 식재료

개마다 좋아하는 것이 다르지만 특히 고기와 생선, 유제품, 달걀, 과일, 단 것, 짠 것을 좋아하는데, 일반적으로 개에게 필요한 염분은 인간의 1/3 정도이다. 짠 음식은 심장과 신장에 부담을 주므로 가급적 피한다. 단 것도 좋아하는데 살이 찌기 쉬우므로 소량씩 준다.

고기 붉은 고기는 물론 간 등의 내장류도 좋아한다. 칼로리를 낮추려면 닭가슴살을 추천한다. 반드시 가열하고 뼈는 제거한다.

달걀 단백질과 미네랄이 풍부하고 칼로리가 낮은 달걀은 우수한 식재료이다. 달걀은 반숙으로 해서 준다.

생선 흰 살 생선은 칼로리가 낮고 붉은 살 생선은 미네랄 등 영양이 풍부하다. 생선도 반드시 가열하고, 큰 뼈는 제거하고 나서 준다.

유제품 치즈나 요구르트, 우유 등도 인기 식재료이다. 단, 먹어서 설사를 하면 피한다. 치즈는 염분에 주의한다.

- 과일
- 단 것
- 짠 것

개가 싫어하는 식재료

먹으면 안 되는 식재료(파 종류, 건포도 등) 외에도 개가 싫어하는 식재료도 있다. 감귤류나 냄새가 강한 채소나 향신료, 산미가 강한 식품 등을 싫어하는 경우가 많다. 개가 싫어하는 식재료를 억지로 줄 필요는 없다. 토핑에 사용하면 오히려 잘 안먹게 되므로 유의한다.

싫어하는 음식을 보면 도중에 얼굴 표정이 험악해지는 개도 많다. 먹는 양 외에도 싫어하는 것을 판단하는 지표이다.

감귤류 귤이나 레몬 등 감귤의 냄새와 산미를 싫어하는 경향이 있다. 소화가 느린 외피와 속껍질은 제거하고 준다.

향이 강한 잎채소 향이 강한 잎채소도 개가 싫어하는 식재료이다. 또 시금치처럼 옥살산이 함유된 채소는 요 결석으로 이어지므로 피하는 것이 안전하다.

향신료 등 매운 것이나 향이 강한 향신료를 싫어하며 간장의 장해를 일으킬 가능성도 있으므로 향신료가 들어간 음식은 피하는 것이 좋다.

산미가 강한 것 신맛이 강한 식재료도 싫어한다. 냄새에 민감한 개는 산 냄새나 신맛을 싫어하므로 가급적 피한다.

~ 생활환경을 정비해 반려견의 **건강을 관리** ~

반려견에게 좋은 환경을 만들어주고 적당히 운동을 시켜 건강을 유지하자!

18 기온이 25도 이상 올라가면 위험 신호

개는 땀을 흘리지 않는 대신 혀를 쭉 빼고 호흡하여 체온을 조절하는데, 기본적으로 더위에 약하므로 열중증에 빠질 가능성이 있다. 그래서 기온이 25도를 넘으면 위험하다고 인식하자. 실내에서는 에어컨이나 선풍기를 틀어주고, 밖에서 키우는 경우에는 그늘을 만들어주는 등 더위에 대한 대책을 세운다. 털이 긴 개는 특히 주의한다.

선풍기도 효과적이지만 털이 긴 견종에게는 에어컨을 틀어주자. 냉각 매트를 준비하는 방법도 있다.

개는 추위에 강하고 더위에는 약한 동물이다. 특히 털이 긴 종은 더위에 약하므로 한여름에는 짧게 트리밍 하는 것이 좋다.

19 추위에 약한 견종은 겨울에도 주의를!

개는 비교적 추위에 강하지만 견종에 따라서는 추위에 약한 개도 있다. 특히 털이 적은 소형견은 추위에 약하다. 추울 때는 난방을 해주는 것이 좋지만 경제적으로 부담이 크므로 지붕이 있는 개집에 작은 열 카펫을 깔아주는 방법도 있으므로 여러 방법을 모색해본다.

치와와나 토이푸들 등 소형견은 추위를 잘 타므로 외출할 때는 따뜻하게 해서 나간다. 장모종보다 단모종이 추위를 더 잘 탄다.

보온주머니도 추위 대책에 효과적이지만 실온과의 온도차로 인해 감기에 걸릴 수도 있으므로 모포를 덮어준다.

20 거세·피임수술은 꼭 받아야 하나?

번식을 고려하지 않는다면 거세와 피임수술을 하는 것이 지금으로서는 일반적이다. 비용은 병원이나 방법에 따라 다르지만 상당히 비싼 편이다. 호르몬이나 비뇨기 관련 질환의 발생이 억제되어 발정하지 않기 때문에 성격이 온순해진다. 선천적 질환으로 거세나 피임을 하는 것이 좋을 때는 수술이 필수지만 건강한 개의 수술 여부는 반려인의 선택이다.

새끼를 원한다면 거세나 피임하지 않는 방법도 있지만, 소형견은 출산 시에 위험이 따르므로 주의한다.

※수술의료비 일람표 P58-59 참조

반려견을 장수시키는 힌트집

21 정기검진을 반드시 받도록

개를 장수시키기 위해서는 반드시 단골 병원을 만들어두는 것이 좋다. 딱히 몸에 이상이 없다 하더라도 가끔 수의사에게 간단한 신체검사를 받도록 해주고, 1년에 한두 번은 혈액검사와 엑스레이 등 정기검진을 받는다. 특히 7세 이상이 되면 반년에 한 번 검진을 받도록 해서 건강관리에 신경 쓰자.

급격한 체중의 증감이나 궁금한 사항이 있으면 수첩에 메모해두었다가 검진 시에 수의사와 상담하면 좋다.

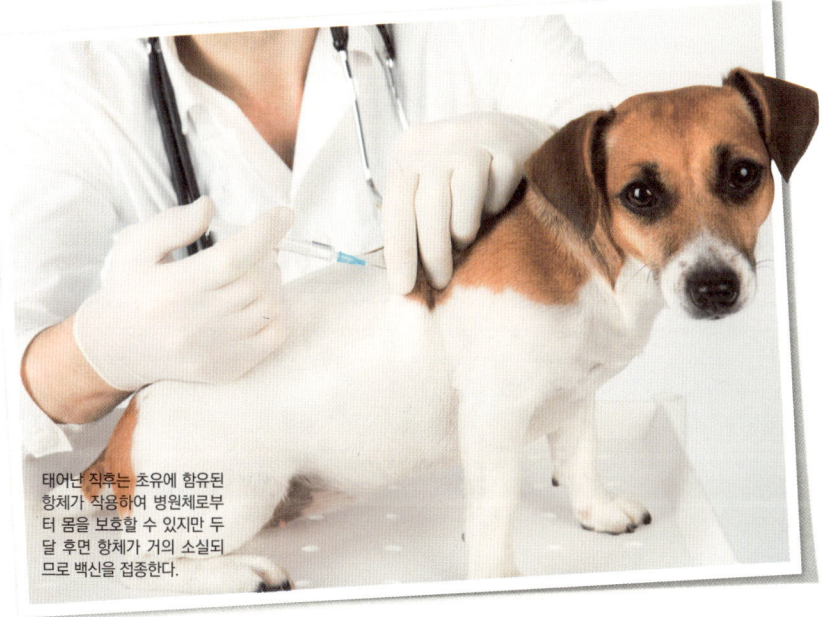

태어난 직후는 초유에 함유된 항체가 작용하여 병원체로부터 몸을 보호할 수 있지만 두 달 후면 항체가 거의 소실되므로 백신을 접종한다.

22 백신은 필수?

백신 접종은 인위적으로 병원체를 동물의 면역계에 미리 심어놓아 실제 바이러스 감염을 방지하는 것이 목적이다. 생후 2개월 후부터 백신을 접종하고, 그 후는 1년에 한 번 정도 접종을 계속한다. 광견병 백신은 필수이며 기타 백신 접종은 선택사항이다. 어디까지 맞출 것인가는 개의 컨디션이나 수의사의 지시에 따르자.

23 각종 백신의 종류

애견에게 가장 좋은 선택이 되었으면 하는 것이 반려인들의 공통된 바람이다. 백신 접종을 어디까지 맞출 것인가를 곰곰이 생각해보기 바란다.

접종이 의무화 되어 있는 광견병 백신 외의 기타 접종 여부는 반려인이 판단한다. 일반적으로 5종 혼합 백신을 접종하는 경우가 많으며 6종~9종 혼합도 있다. 종류가 많아지면 복수의 항체가 생겨 안전하다고 생각할 수 있지만 간혹 컨디션을 해치는 경우가 있으므로 접종 여부는 신중하게 판단하자.

• 광견병 백신
한국에서는 드물지만, 아직도 세계적으로 연간 5만 명 이상이 생명을 잃게 되는 무서운 감염증이다. 한국에서는 의무적으로 광견병 백신 접종을 해야 하므로 잊지 말고 1년에 한 번 주사를 맞힌다.

• 혼합 백신
5종 혼합 백신을 맞으면 일반적으로 개 디스템퍼, 파보바이러스, 개 파라인플루엔자, 개 전염성 후두기관염, 개 전염성 간염의 항체가 생긴다. 그 밖에도 바이러스를 추가한 6~9종 혼합도 있다.

5종 혼합 백신 내역

디스템퍼 바이러스 백신/ 아데노바이러스 1형 백신/ 아데노바이러스 2형 백신/ 파라인플루엔자 백신/ 파보 바이러스 백신

※백신의료비 일람표 P58-59 참조

> 오래 집을 비울 때는 넓게 펜스를 쳐두고 개집과 화장실, 장난감 등을 준비해두고 나가면 좋겠죠.

24 자주 집 비우면 애견에게 스트레스

매일 오랜 시간 빈집을 지키게 하면 스트레스를 받는다. 그런 스트레스가 질병이나 생각지 못한 부상을 초래할 수 있으므로 장시간 집을 비우는 일은 되도록 피하자. 스트레스를 해소시켜 오래 살 수 있도록 가족의 라이프 스타일을 다시 한 번 재점검 해보자!

혼자서 집 지키는 것에 익숙해지도록 소프트한 장난감을 준비해두고 나가는 등의 조치가 필요하다.

25 같이 사는 동물과의 궁합에도 주의

> 궁합이 맞으면 종족을 넘어서 사이가 좋지만, 그렇지 못한 개들이 모여 공동생활을 하면 스트레스를 받아 수명이 단축되므로 피하는 것이 좋다.

사람들 관계에도 궁합이 있는 것처럼 동물 사이에도 궁합이 있다. 개들은 상하관계가 엄격해 약한 개를 학대하는 일도 있으므로 여러 마리의 개를 키울 때는 주의가 필요하다. 같이 사는 동물들이 사이좋게 지내면 좋지만, 도저히 궁합이 맞지 않아 분위기가 험악해질 것 같으면 각자 생활하는 공간을 분리하는 것도 좋다.

bow bow

자주 싸울 정도로 궁합이 좋지 않다면 신속하게 따로 지내게 한다. 참고로 먼저 입양한 개가 노견인 경우에는 새로 입양한 개 때문에 스트레스를 받는 일이 많다는 점을 알아두자.

반려견을 장수시키는 힌트집 80

26 일상생활에서 신경써야 할 것

브러싱으로 털 관리 & 건강 체크

정기적인 브러싱은 노견이 윤기 있는 털을 유지하고, 혈행 촉진과 신진대사를 촉구하는데 효과가 있다. 또 신체 구석구석 브러싱하기 때문에 건강도 체크할 수 있다. 털이 긴 견종은 매일, 털이 짧은 견종은 일주일에 한 번 정도 브러싱 해준다. 뭉친 털이 있으면 억지로 빗지 말고 일단 손으로 풀고 나서 슬리커로 정돈한다.

털이 긴 견종의 뭉친 털을 푸는데 안성맞춤인 슬리커. 그래도 잘 풀리지 않으면 가위로 잘라내는 방법도 있다.

27 일상생활에서 신경써야 할 것

정기적인 발톱 관리도 잊지 말자

산책 중에 많이 생기는 사고가 발톱 부상이다. 발톱이 길면 꺾이기 쉬우므로 정기적으로 잘라준다. 개의 발톱에는 혈관과 신경이 지나고 있어 잘못 자르면 출혈이 상당히 심하므로 주의하면서 끝부분만 잘라준다. 만약 산책 중에 발톱이 꺾이면 바로 티슈나 거즈로 압박을 하고 피가 멈출 때까지 잠시 그대로 있는다.

만약 애견이 걷지 못하게 되었다면 가끔 안고서 산책을 나가자. 외출은 기분전환에 상당히 좋다.

사냥견이나 목양견은 운동량이 필요하지만 소형견을 지칠 정도로 달리게 하는 것은 좋지 않다.

28 일상생활에서 신경써야 할 것

지나친 산책에 주의

예전에는 활발하게 산책을 했던 개도 나이가 들면 움직이는 것을 겁낸다. 억지로 걷게 하면 스트레스뿐만 아니라, 골절이나 추간판 헤르니아에 걸릴 위험도 생기므로 자제한다. 개의 컨디션을 보면서 산책 횟수와 거리를 조정한다. 운동을 위한 산책과 놀이를 위한 외출은 별개로 생각하자. 무조건 달리게 하는 것은 무의미하다.

29

29 알레르기에 주의①
외적 요인

> 개가 사용하는 이불이나 담요도 알레르기의 원인이 되므로 세탁을 하거나 다른 것으로 교체하여 증상이 호전되는지 확인한다.

알레르기 질환 원인 중 하나로 '외적 요인'이 있다. 환경이 일으키는 알레르기의 원인 물질로는 식물, 실내나 카펫 등의 먼지, 진드기 등 다양하다. 턱이나 사지 중심으로 알레르기가 보이면 지면이나 평지의 식물이 원인이라고 예상되지만, 몸 전체에 알레르기가 생기면 실내에 문제가 있다고 볼 수 있다. 청소를 자주 해 의심이 가는 물질을 하나씩 점검해보자.

길가의 식물이 알레르겐인 경우는 산책로를 아스팔트길로 바꾸면 증상이 극적으로 호전되는 경우도 있다.

시츄도 알레르기성 피부염에 잘 걸리는 견종이므로 먼지나 진드기 등에 세심한 주의를 기울이자.

푸들도 피부가 약한 견종이다. 알레르기 증상이 나타나면 신속하게 대처한다. 동물병원에서 혈액검사를 하여 원인물질을 알아내는 것도 좋다.

30 알레르기에 주의②
유전 요인

잡종은 기본적으로 튼튼하고 건강하지만, 순종은 근친 교배를 반복하기 때문에 피부뿐만 아니라 전체적으로 민감한 체질을 갖는다. 특히 서양 견종은 일본의 고온다습한 기후에 약하기 때문에 알레르기성 피부염에 더 잘 걸린다. 산책이나 실내의 원인물질을 제거하고 실내 온도를 적정하게 유지하도록 신경 쓴다.

31 용변으로 건강 체크

사람이 건강진단을 받을 때 대소변검사를 하는 것처럼 개도 오줌이나 대변으로 확인이 가능하다. 어떤 질병이 생기면 소화기나 비뇨기는 그 영향을 받아 배설물이나 냄새에 변화가 생긴다.
체크 포인트 항목을 확인하면서 배설 시에 어떤 이상은 없는지 살펴보자. 의심되는 부분이 있으면 수의사와 상담한다.

대변 체크 포인트

묽은 변(설사와 비슷)	장 트러블. 담즙이 충분히 나오지 않는다.
딱딱한 변	수분 부족, 변비.
검은 변	위~소장에 출혈이 있다.
붉은 변	대장~항문에 출혈이 있다.
배설에 시간이 걸린다	설사 또는 변비, 대장 종양의 가능성도 있다.

오줌 체크 포인트

색이 옅다	물을 과하게 마셔 신장에서 생성되는 오줌이 많다.
색이 노랗다	비타민제를 투여했다. 수분섭취가 부족하다. 황달이 있다.
색이 붉다	방광 결석 등이 원인으로 피가 섞인 오줌이 나온다. 필라리아에 의해 용혈성 질환이 일어나고 있다.
색이 탁하다	잡균의 번식. 방광염 등의 염증으로 단백질이 섞여 있다.
썩은 냄새가 난다	방광염의 가능성이 있다.
단 냄새가 난다	당뇨병의 가능성이 있다.
소변이 잘 안 나온다	결석이나 종양이 생겨 요도를 막고 있다.

반려견을 장수시키는 힌트집

~ 장수를 위해 어릴 때부터 **철저히 교육** ~

교육을 잘 시키면 주인을 잘 따르므로 더 오래 산다.

문제 행동을 하면 그 자리에서 야단치는 것이 좋다. 나중에 혼내면 왜 혼나는지 개는 전혀 이해하지 못한다.

교육이 잘 된 개는 온순하고 주인의 말을 잘 따르기 때문에 야단맞는 횟수가 줄어들어 스트레스도 덜 받는다.

32 장수를 위해서는 교육도 중요!

동물의 세계에는 상하 질서가 있어 우두머리로 보이는 상대에게는 절대 복종하지만 약한 상대에게는 강한 태도를 보인다. 어릴 때부터 주인의 명령에 따르는 것이 바람직하다는 것을 알려준다. 좋은 일을 하면 바로 칭찬하고 문제 행동을 하면 그 자리에서 야단쳐서 '행위의 선악'을 인지시키는 것이 중요하다. 주인이 교육시키는 것이 바람직하지만 까다로운 성격의 개는 전문가에게 맡기는 방법도 있다.

33 문제 행동의 원인은 응석쟁이로 키워서?

어릴 때 또는 입양 직후 교육을 철저히 시키지 않으면 '분리불안'이나 '알파신드롬'에 빠지는 경우가 있다. 주인이 항상 사물의 주도권을 잡고 당근과 채찍을 잘 사용하면서 주종 관계를 인지시킨다. 무조건 응석을 받아주거나 무턱대고 화를 내면 개의 성격도 불안해져 모두 힘들어지므로 주의한다.

- **분리불안**

  개가 주인에게 집착하는 불안정한 상태를 말한다. 외출 직전까지 주인 곁을 맴돌고, 주인이 나가면 날뛰거나 짖는 등의 문제 행동을 한다. 지나치게 간섭하지 말고 어릴 때부터 사회성을 키워주는 것이 중요하다.

- **알파신드롬**

  자기가 무리의 지도자라고 착각하는 상태를 가리킨다. 주인을 약자라고 보기 때문에 명령을 하면 반항적인 태도를 취한다. 주인은 항상 의연한 태도로 대하고, 개가 짖는다고 해서 원하는 것을 모두 들어주어서는 안 된다.

알파신드롬에 빠진 개는 산책을 할 때도 주도권을 잡으려고 한다. 사진처럼 목줄이 팽팽해질 정도로 난폭하게 구는 것은 건강에도 좋지 않다.

산책을 할 때 주인이 개보다 앞서 걸으면 개도 주종관계를 인지한다. 교육이 잘 되면 산책이 아주 즐겁다.

목줄은 손가락 두 개가 들어갈 정도로 여유 있게

교육이 잘된 개는 산책할 때도 잘 따르고 문제 행동을 하지 않는다. 굵은 목줄을 선택하고, 주인의 손가락이 두 개 정도 들어가도록 여유있게 채우면 된다. 너무 타이트하면 개가 힘들고, 너무 느슨하면 머리가 빠질 우려가 있다. 참고로 알파신드롬에 걸린 개는 산책할 때도 거칠게 군다. 목줄을 세게 당겨 씩씩거리며 걷기 때문에 경부 압박 가능성이 있으니 이럴 때는 하네스(가슴줄)를 사용하는 것이 안전하다.

산책 중의 트러블①
풀을 먹었다!

산책 중에 개가 길가의 풀을 먹을 때가 있다. 소량이면 문제없지만 간혹 개에게 독이 되는 풀도 있고, 제초제를 뿌렸을 가능성도 있으니 산책 후에 이상 징후가 없는지 관찰한다. 또 풀을 먹으면 무언가를 토한다, 즉 구토하기 위해 먹는 경우에는 위염 등의 트러블이 있을 수도 있으므로 유심히 살핀다.

풀을 먹는 개는 풀숲 산책을 피하는 것이 안전하다. 가끔 악의를 가진 사람이 풀숲에 독극물을 뿌리는 경우가 있기 때문이다.

번화가는 자전거나 오토바이가 많이 다닌다. 운전자의 실수로 사고가 발생하는 일도 있으므로 산책은 공원 등이 안전하다.

산책 중의 트러블②
교통사고에 주의

교통사고는 산책 중에 일어나는 가장 심각한 사고이다. 목줄 없이 산책하는 것은 대단히 위험하므로 반드시 채우도록 한다. 다만 목줄이 너무 길면 차도로 나가 사고를 당하는 수도 있으니 주의하자. 때로는 목줄을 해도 차나 오토바이의 부주의로 사고를 당하는 일도 있으므로 특히 사람이 많은 곳에서는 주위를 잘 살피도록 한다.

반려견을 장수시키는 힌트집

> 산책 중에는 반드시 목줄을 채워 행동을 자제시킨다. 싸움으로 애견이 다치거나 다른 개를 다치게 하는 것은 슬픈 일이다.

하네스는 부드러운 소재로 만든 것이 좋다. 다만 막무가내로 당기지 않도록 교육을 병행하도록 하자

37

일상생활에서 신경써야 할 것

산책 중의 트러블③
뜻하지 않은 부상

개와 함께 생활하다보면 뜻하지 않은 사고가 자주 발생한다. 싸움으로 부상을 당하는 경우도 있으므로 산책 중에는 다른 개와 싸우지 않도록 조심한다. 상처가 작아 보여도 이빨이나 발톱에 있던 세균이 상처부위로 침입하여 중증으로 진행되는 경우도 있다. 또 목줄로 인해 경부압박을 일으킬 수도 있으므로 목줄보다는 하네스가 안전하다.

산책 중의 트러블④
패닉에 주의

산책 중에 갑자기 천둥소리나 폭죽 소리가 나면 사람은 물론이고 예민한 성격의 개는 날뛰게 된다. 긴급하다고 느낀 개는 패닉 상태에 빠져 사물에 부딪치거나 구르거나, 간질을 일으키는 경우도 있고 간혹 도망가는 개도 있다. 극도로 흥분해 있으면 개를 껴안고 몸을 어루만져주어 진정시킨다.

예민한 성격의 개와 나갈 때는 주변에 어떤 행사가 있는지 미리 확인해두면 좋다. 반대로 둔감한 개는 큰 소리에도 신경쓰지 않는다.

나이가 들어도
젊게 살도록 하자

나이를 염려한 탓에 행동을 제한하면 할수록 개는 한층 더 늙는다. 개는 나이가 들어도 호기심이 왕성한 동물이다. 아주 엉뚱한 짓은 위험하지만 때로는 젊었을 때처럼 전력질주를 해보거나 멀리 외출하는 것도 좋다. 다만 통원 중인 경우는 미리 수의사에게 확인을 받는다.

개에게도 자유와
존엄이 중요하다

개들도 성격이 다양해서 주인과 종일 붙어 있는 걸 좋아하는 개가 있는가 하면, 가끔 혼자 있고 싶어 하는 개도 있다. 밖에서 키우든 안에서 키우든 반려견의 개성과 지향(指向)을 존중하여 자유롭게 놀 수 있는 장소를 제공해준다. 자유와 존엄이 있는 공간이 있으면 스트레스도 해소되어 장수로 이어진다.

조금 이상한데? 알아야 할 이상신호 30

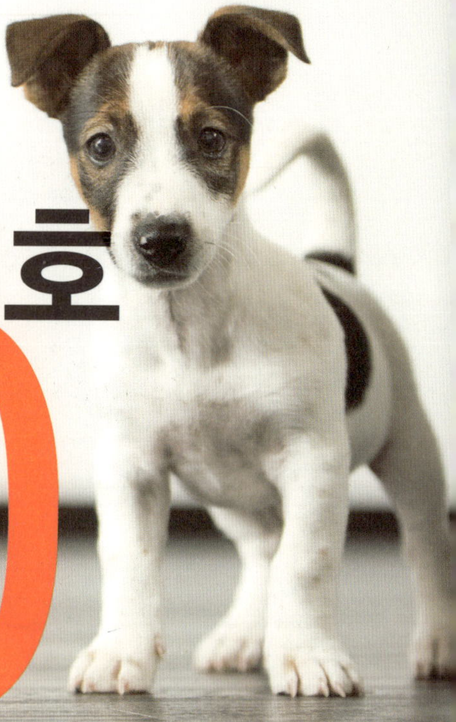

개도 어느 정도 나이가 들면
서서히 면역력이 떨어져
각종 질병에 잘 걸리게 된다.
조기발견=>조기치료·치유를 목적으로 한
이상 신호 발견법을 알아보자.

조금 이상한데? 알아야 할 이상 신호

01 자주 발로 긁는다

발진이 있으면 아마도 피부염이 발생하여 가려울 것이다. 때로는 외관상 이상이 없는데도 가려워하는 경우가 있다. 피부에 이상이 없더라도 방치하지 말고 이상하다고 생각되면 동물병원에 데리고 간다.

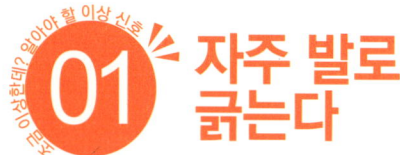

의심되는 질병 → **스트레스로 인한 피부병, 알레르기성 피부염 등**

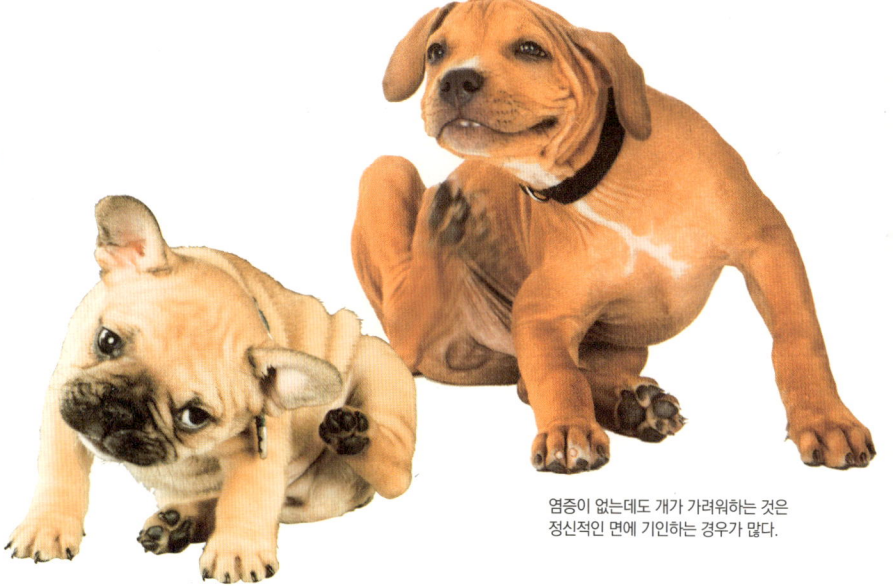

염증이 없는데도 개가 가려워하는 것은 정신적인 면에 기인하는 경우가 많다.

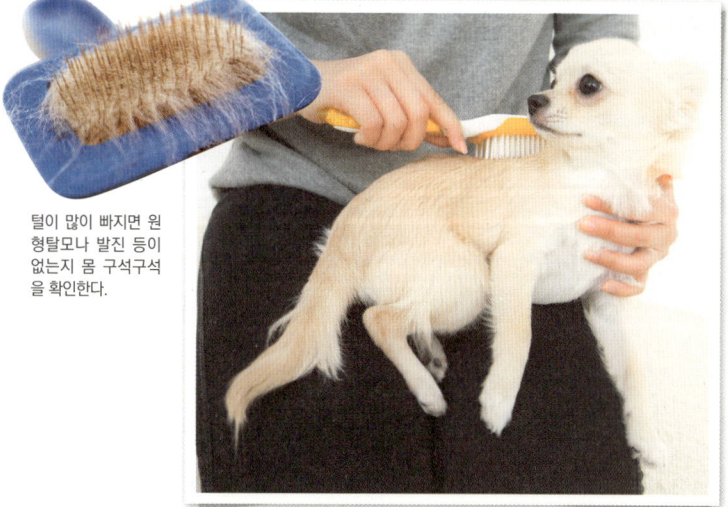

털이 많이 빠지면 원형탈모나 발진 등이 없는지 몸 구석구석을 확인한다.

조금 이상한데? 알아야 할 이상 신호

02 털 빠짐이 심하다

털이 빠지는 원인은 다양하다. 노화나 환모(털갈이)처럼 단순한 이유도 있지만, 아토피나 알레르기에 의한 탈모, 진균(곰팡이)이나 세균성 피부염, 호르몬이나 갑상선 등 내분비성 질환에 의한 탈모 등이 있다. 탈모 외의 질환(가려움의 유무, 동전 크기의 원형탈모의 유무 등)을 보고 종합적으로 판단한다. 이상할 정도로 털이 많이 빠진다면 신속하게 수의사와 상담한다.

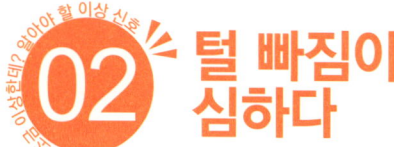

의심되는 질병 → **아토피성 피부염, 알레르기성 피부염, 진균성, 세균성 피부염, 내분비성 질환 등**

03 갑자기 냄새가 심해졌다

개도 동물이므로 다소 냄새가 난다. 하지만 갑자기 냄새가 심해졌다면 **초기 피부염**일 가능성이 있다. 귀, 발끝, 항문 부근을 중심으로 염증이 있는지 꼼꼼히 살핀다. 체취의 변화는 피부질환을 발견하는데 도움이 되므로 자주 귀나 몸 냄새를 맡아 변화가 있는지 확인한다.

털이 긴 서양 견종은 특히 피부병에 잘 걸리므로 주의가 필요하다. 자주 냄새를 맡아 이상이 있으면 신속하게 대처한다.

 → 피부병

04 피부에 난 상처를 발견!

개의 이빨이나 발톱에 의해서 생긴 상처는 **세균으로 인해 나중에 심한 화농**을 일으키는 경우가 있다. 특히 몸통의 상처는 자주 내장까지 이르러 죽음에 이르는 경우가 있으니 신속하게 진료를 받도록 한다. 또 무리한 산책은 발에 **지간염**(趾間炎)을 일으키므로 평소 중점적으로 상처의 유무를 확인하는 것이 안전하다.

작은 상처는 곧 나을 것처럼 보이지만 세균은 체내로 침입하고 있다. 그러므로 산책 시에는 부상을 입지 않도록 하는 것이 중요하다.

 → 세균성 피부염, 지간염 등

05 이상하게 피부가 거칠다!?

순종견들이 견디기 힘들어 하는 일본의 고온다습한 여름. 그 중에서도 털이 긴 견종으로 피부가 약한 서양 견종이나 시원한 장소에서 자란 개는 피부질환에 잘 걸린다. 또 귀가 처진 경우는 외이염을, 코가 낮은 견종은 주름이 겹쳐진 곳에 **피부염**을 일으키기 쉬우므로 피부에 변화가 있는지 항상 유심히 살피는 것이 중요하다.

퍼그
대표적인 단신 견종이다. 중국산 애완견으로 귀여운 얼굴이 특징이다. 얼굴 주름 속에 세균이 번식하지 않도록 자주 관리해준다.

잭 러셀테리어
피부가 튼튼할 것 같지만 실은 상당히 민감한 견종이다. 피부나 주거환경을 청결히 유지하고, 발진 등이 있는지 항상 살핀다.

코카 스패니얼
피부가 민감한 털이 긴 견종이므로 피부염에 잘 걸린다. 또 외이염에도 잘 걸리므로 귀 관리가 중요하다.

(kcal/일 ※참고수치) 출처: 환경청〈견주를 위한 펫 푸드 가이드라인〉

체중(kg)	이유기	성견 중기	성견
1	274		
2	461		
3	625		
4	775		
5	916	669	441
10	1541	1125	742
15	2088	1524	1006
20	2591	1891	1248
25	3063	2236	1476
30	3512	2564	1692
35	3943	2878	1899
40	4358	3181	2100
45		3475	2293
50		3761	2482
55		4039	2666
60		4312	2846
65		4578	3022
70		4840	3194
75		5097	3364
80		5350	3531
85		5599	3695
90		5844	3857

개에게 필요한 칼로리의 양

체중(kg)×0.75^2×각 단계의 계수(유아기 274, 성장기 200, 성견기 132)로 필요 칼로리를 산출할 수 있다. 체중이 10kg인 성견은 10×75×75=742 kcal가 된다.

알아야 할 이상 신호 **06**

왠지 살이 찐 것 같다?

성견이 되면 기초대사가 떨어져 과식이나 운동 부족에 의해서 **비만**이 된다. 서서히 살이 찌므로 알아차리기 힘들지만 과체중은 **당뇨병** 등 각종 질병을 유발하므로 체중의 증감에 신경 쓰자. 또 거세 피임수술을 하면 살이 찌기 쉽다. 특히 리트리버나 셔틀랜드 십독(셀티), 비글 등 살이 잘 찌는 견종은 더욱 조심한다.

아래의 BCS표에서 'BCS 5' 이상으로 살이 찌면 당뇨병이나 헤르니아 등 질병에 걸릴 가능성이 높다. 바로 다이어트를 시작하자.

 → 비만, 비만에 의한 당뇨병 등

개의 바디 컨디션 스코어(BCS) 기준

개의 체형을 시각화 한 그래프이다. 계산해본 후 BCS3의 이상적 체형을 가지도록 매일 정해진 식사량을 준다. 너무 마르거나 살이 찌면 질병에 걸릴 수 있으므로 조심하자.

BCS2 약간 말랐다	BCS3 이상적	BCS4 약간 비만	BCS5 비만
척골과 늑골이 쉽게 만져진다. 위에서 보면 허리가 잘록하고, 옆에서 보면 복부가 훌쭉하다.	늑골은 만져지지만 볼 수는 없다. 위에서 보면 늑골 뒤로 잘록한 허리가 살짝 보인다. 옆에서 보면 복부가 들어가 있고 옆구리에 살이 있다.	늑골 위에 지방이 살짝 붙어 있지만, 늑골이 쉽게 만져진다. 옆에서 보면 복부의 선이 약간 완만하고 옆구리는 움푹 들어가 있다. 옆구리 살은 적당히 지방이 붙어 있어 걸으면 흔들거리는 게 보인다.	늑골과 척골은 두터운 지방에 싸여 있어 쉽게 만져지지 않는다. 옆에서 보면 복부의 선이 둥글고 위에서 보면 허리의 잘록함이 거의 보이지 않는다. 옆구리 살이 많아 걸으면 한층 더 흔들린다.

반려견을 장수시키는 힌트집

07 이상하게 배가 볼록하다!

살이 찌지 않았는데 배만 볼록하다면 순환장애에 의한 복수저류나 자궁축농증, 내장계의 종양이나 숙변 등 다양한 가능성을 예측할 수 있다. 비만과는 달리 복수가 차면 두드리면 "출렁" 하는 물소리가 난다. 인지했다면 신속하게 병원에 간다. 털이 긴 견종은 눈에 잘 띄지 않으므로 매일 만져보면서 확인한다.

| 의심되는 질병 → 복수저류, 종양, 자궁축농증 등

복수가 찬 개의 엑스레이 사진. 이런 상황에 처하기 전에 빨리 알아차리기 바란다.

사진의 개처럼 살이 찐 것도 문제지만, 그 이상으로 복수 문제는 매우 심각하다. 배가 팽팽하다고 느껴진다면 수의사와 신속히 상담한다.

08 과하게 물을 마시고 과하게 오줌을 싼다

물을 많이 마시고 많은 양의 오줌을 싸는 다음다뇨(多飮多尿)의 원인은 간 기능의 저하, 자궁축농증, 호르몬 이상, 당뇨병 등이 있다. 물의 양을 줄이면 탈수증상을 일으킬 수도 있으므로 위험하다. 하루(24시간)에 마시는 양을 산정하여 과하게 마시는지 확인한다. 물의 양(80~100ml)×체중(kg)으로 산출된 양을 마시면 다음(多飮)이라고 판단된다.

| 의심되는 질병 → 당뇨병, 만성신부전, 자궁축농증, 호르몬 이상 등

비전문가가 마시는 물의 양을 제한하는 것은 위험하다. 우선 마시는 물의 양을 정확히 측정하여 과하게 마시는지 알아보자.

다음(多飮)

다뇨(多尿)

예를 들어 10kg의 개가 80~100ml kg=800~1000ml의 물을 마신다면 다음(多飮)이다. 걱정 된다면 애견의 체중에 대입해보자.

오줌은 측정하기 힘들지만 다뇨의 기준은 오줌의 양(40~50ml)×체중(kg)으로 계산한다. 10kg의 개가 400~500ml의 오줌을 배출하면 다뇨이다.

09
다리를 보호하면서 걷는다

개가 한쪽 다리를 보호하면서 걸을 때는 **육구**(개나 고양이 발바닥의 볼록하고 부드러운 육질 부분)의 손상(부상)이나 **지간염**(발가락 사이의 세균성 염증) 등 외상성 때문이거나 **관절염, 염좌**(捻挫) 등의 내부질환 때문일 수도 있다. 일단 육구나 발가락 사이에 상처가 있는지 확인한 후, 다리에 부종이나 상처 등이 있는지도 확인하여 큰 질환을 놓치지 않도록 한다.

의심되는 질병 → 육구의 손상, 지간염, 관절염 염좌 등

지간염의 경우는 다리를 보호하는 행동을 하지 않을 수도 있으므로 상처나 염증이 있는지 눈으로 확인하는 것이 중요하다.

오가닉 밀랍으로 육구를 케어할 수 있는 "밀랍 크림 피코크 18ml". 산책 전후에 바르면 상처를 보호할 수 있다.

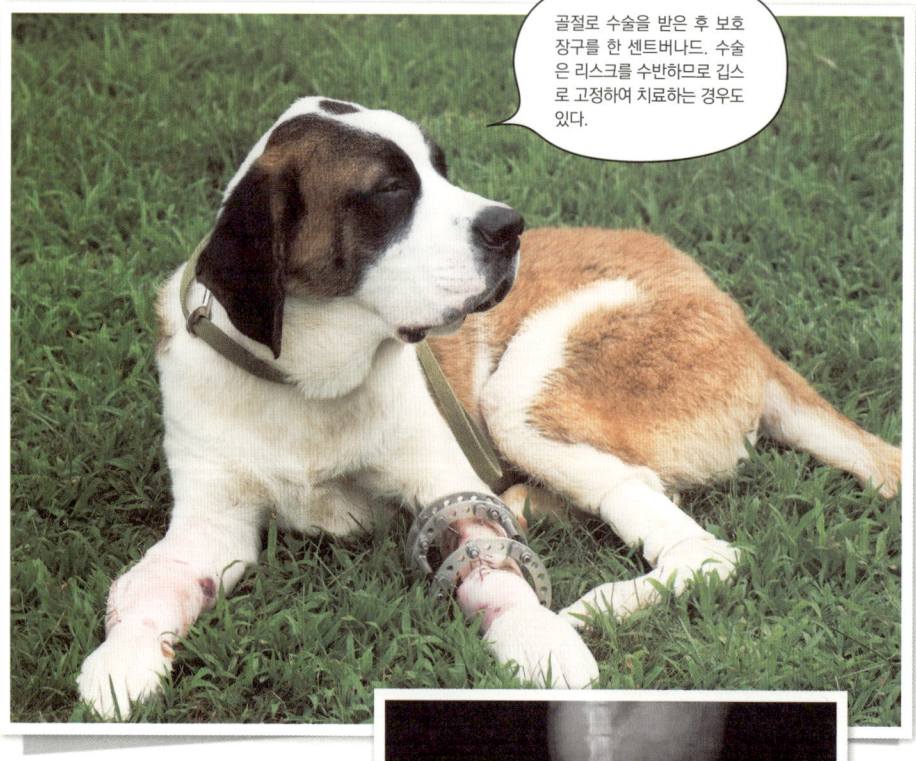

> 골절로 수술을 받은 후 보호 장구를 한 센트버나드. 수술은 리스크를 수반하므로 깁스로 고정하여 치료하는 경우도 있다.

골절 사진. 골절의 경우 뼈가 부러진 직후에 대응하는 것과 며칠 지나서 대처하는 것에 따라서 치료방법이 달라진다. 일단 병원에 데리고 간다.

10
다리를 질질 끌면서 걷는다

개가 다리를 질질 끄는 원인에도 여러 가지 이유가 있다. **지간염이나 염좌, 골절, 관절염에 더해서 골절이나 추간판 헤르니아에 의한 신경이상, 종양** 등이 있다. 아파하면 골절 가능성이 있다. 외상 및 통증이 없으면 다른 질환이 의심되므로 상태를 자세하게 메모하거나 스마트폰으로 사진이나 동영상을 찍어 수의사와 상담한다.

의심되는 질병 → 관절염, 골절, 종양 등

너클링을 일으켰다!

오른쪽 그림처럼 섰을 때 발바닥으로 서지 않고 발등으로 지면을 짚는 상태를 너클링(knuckling, 구절돌출)이라고 한다. 이 상태는 **추간판 헤르니아**의 증상 중 하나이다. 절뚝거리며 걷는다면 너클링 상태인지 확인해본다. 조기에 발견하면 약물치료로 호전되지만 심한 경우에는 수술을 해야 하는 경우도 있으므로 조기 발견이 중요하다.

 의심되는 질병 → 추간판 헤르니아 등

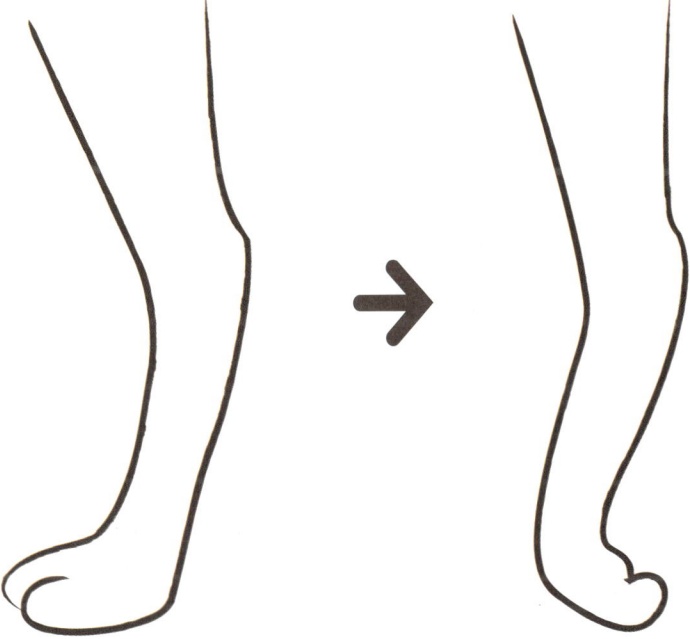

보통 발바닥으로 걷는데 발등으로 지면을 디디는 것은 신경에 무언가 이상이 생긴 경우라고 할 수 있다. 수의사와 상담한다.

추간판 헤르니아에 걸리지 않도록 살찌는 것을 방지하는 것이 가장 좋다. 더불어 헤르니아에 잘 걸리는 견종은 심한 운동은 삼간다.

뒷다리를 앞으로 뻗고 앉는다

사진처럼 뒷다리를 앞쪽으로 뻗고 앉는다면 **추간판 헤르니아**일 가능성이 높다. 연령에 관계 없이 닥스훈트 등 몸통이 길고 다리가 짧은 견종이 잘 걸리는 질환이다. 계단 등을 내려갈 때 오는 충격으로 인해 발병하는 경우가 있으므로 계단은 되도록 피하는 것이 안전하다. 또 비만도 원인이 되므로 신경 쓴다.

의심되는 질병 → 추간판 헤르니아 등

13

심하게 기침을 한다

기침의 원인에는 개 파라인플루엔자(켄넬코프)가 있다. 하지만 요즘은 백신이 보급되어 바이러스 감염에 의한 호흡기질환은 상당히 줄었다. 반면 **기관허탈이나 심기능 저하에 따른 폐부종**이 원인이 되어 기침을 하는 경우가 늘고 있다. 드물기는 하지만 **폐종양**일 가능성도 있으므로 기침을 오래 하면 신속하게 병원에 데리고 간다.

의심되는 질병 → 개 파라인플루엔자 (켄넬코프) 기관허탈, 폐부종, 폐종양 등

백신 보급으로 개 파라인플루엔자에 의한 호흡기질환은 줄고 있지만 자견이나 노견은 병이 깊어지면 생명에 지장을 주므로 예방접종을 해두는 것이 안전하다.

14

먹는데도 마른다!

잘 먹는데도 서서히 마른다면 분명 원인이 있을 것이다. 장 점막의 염증에 의한 **소화불량**, 노화에 의한 **간 기능의 저하**나 선천적인 **간 기능 장해**, 그리고 **종양**이 생겨 영양이 그쪽으로 흡수되고 있거나, 네프로제(nephrosis, 콩팥의 사구체에 이상이 생겨 혈액에 포함된 단백질이 오줌으로 배출되며 몸이 붓는 병)로 인한 **단백 누출성 장염** 등 원인은 다양하다. 노견은 마르기 쉬우므로 정기적으로 체중을 잰다. 소형견은 일반 체중계를 사용하면 된다.

의심되는 질병 → 소화불량, 간 기능 장해, 종양 등

말라도 살찌는 것보다는 낫다며 대수롭지 않게 생각하는데 가끔 중증 질환인 경우도 있다. 식사량을 늘렸는데도 마른다면 특히 조심하자.

단순히 소화불량인 경우는 소화제를 마시게 하면 개선되는 경우가 많지만, 염증 등이 수반되면 잘 낫지 않는다. 말라서 신경 쓰인다면 애견의 몸을 만져 뼈가 앙상하게 만져지는지 확인한다.

15 눈곱이 심하게 낀다!

눈곱이 끼는 원인은 다양한데 노란 눈곱은 눈의 감염증을 의심할 수 있다. 고름이 생성되어 노란 눈곱이 끼는 것이다. 반투명~짙은 갈색의 눈곱은 눈물이 많이 나는 것이 원인으로 별 문제는 없지만, 노란 눈곱을 방치하면 치료가 힘들어지므로 조속히 수의사에게 간다. 또 안검내반이나 외반이어도 눈곱이 많아지므로 주의한다.

눈곱이 심하면 온수에 적신 타월이나 탈지면 등으로 닦아준다.

눈이 돌출된 견종이나 눈썹 때문에 염증을 일으키기 쉬운 코카 스패니얼 견종은 눈 질환에 특히 주의한다.

의심되는 질병 → 눈의 감염증, 안검내반·외반 등

16 눈이 좀 이상하다!

사진은 체리아이에 걸린 예이다. 개의 눈에는 혈관이 많아 평소에도 흰자위가 붉게 충혈되어 있으므로 평소 모습을 사진으로 찍어두고 비교해보면 이상을 신속하게 판단할 수 있다.

흰자위가 노랗다면 간 기능 장해에 의한 황달일 가능성이 있다. 또 체리아이(눈자위 뒤쪽 제3안검 돌출증)나 결막 중증 출혈, 안구의 거대화 & 돌출 등도 의심할 수 있다. 또 전신의 질병을 암시하는 경우도 있으므로 주의한다. 안구의 변형은 다래끼일 가능성도 있다.

눈이 처진 개나 속눈썹이 긴 개는 먼지나 세균이 들어가기 쉬우므로 예방을 위해 가끔 인공눈물을 넣어주면 효과적이다.

→ 간 기능 장해, 체리아이, 결막출혈, 안구의 거대화 & 돌출, 전신 질환의 징후, 다래끼 등

17 눈동자가 하얗게 탁해졌다!

검은자위가 약간 하얗게 보이면 백내장이 의심된다. 특히 흔한 것이 노년성 백내장으로 노견에게 잘 발생하는 질환 중 하나이다. 안약으로 진행을 늦출 수는 있지만 완치는 어렵다. 수정체를 인공렌즈로 교체하는 것도 가능하지만 노견은 위험하므로 수의사와 상담한다.

개는 사람만큼 시력에 의존하지 않는다. 그래서 백내장으로 시력이 약해져도 생활하는 데는 별 지장이 없다.

백내장에 걸리면 검은자위 중심이 하얗게 보인다. 검은자위 표면이 하얗게 변한 것은 백내장이 아니라 각막의 이상이다.

 → 백내장 등

18 귀 냄새가 난다! 가려워한다!

귀에 염증이 생기면 냄새가 난다. 이른바 외이염이다. 끈적끈적한 귓밥이 쌓여 가려움과 통증을 수반하기 때문에 심하게 귀를 긁기도 한다. 정기적으로 확인하여 조기에 발견하는 것이 중요하다. 가끔 외이염이 악화되어 중이염을 일으키는 일도 있으므로 동물병원에서 정기적으로 관리한다. 특히 귀가 처진 개가 잘 걸린다.

의심되는 질병 → 외이염, 중이염 등

냄새 외에도 끈적끈적한 귓밥이 나오는지, 부어 있는지 등을 자주 확인한다. 귀 관리 방법은 수의사와 상담한다.

개의 귀는 통기성이 나쁘고 지방 분비가 많으므로 염증을 일으키기 쉽다. 귀가 처진 순혈종은 조심한다.

19 오줌에서 이상한 냄새가 난다!

오줌에서 약 냄새 같은 것이 나면 세균성 방광염을 의심해본다. 번식한 세균 때문에 냄새가 나는 것이다. 오줌 색이 탁하거나 피가 섞여 있거나 양이 적으면 신속하게 병원에 데리고 간다. 수컷에 비해 요도가 긴 암컷이 방광염에 잘 걸린다. 방광염 치료에는 항생제가 사용된다.

의심되는 질병 → 방광염 등

방광염에 걸리면 오줌을 자주 싸고 양이 적은 것이 특징이다. 필요 이상으로 화장실에 자주 가면 방광염을 의심해보자.

방광염은 만성화되기 쉽고 재발하는 경우도 많은 질병이다. 생활 환경을 청결히 하고 오줌을 참지 않도록 하는 등의 조치가 필요하다.

반려견을 장수시키는 힌트집

20 몸이 뜨겁다! 열이 있을지도 모른다!

개의 평균 체온은 사람보다 약간 높은 38.5도~39.5도이다. 개의 질병 중 열을 동반하는 질병은 거의 없고(발열 가능성이 있는 질병은 수없이 많다), 발열의 원인에는 막연한 **컨디션 불량**이나 **외상, 관절 등의 통증, 간질, 열중증** 등이 있다. 발열과 함께 호흡이 거칠거나 컨디션 불량이 지속되면 수의사와 상담해본다.

의심되는 질병 → 컨디션 불량, 열중증 상처에 의한 발열, 간질 등

열을 잴 때는 체온계를 항문 2~3cm 안으로 찔러 넣는다. 미리 수의사에게 측정 요령을 배워두자.

털에 덮여 있는 만큼 개는 더위에 약하다. 특히 작고 털이 긴 견종은 열중증에 걸리기 쉬워 차에 장시간 방치하는 것은 상당히 위험하다.

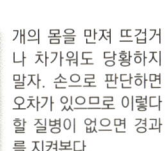

개의 몸을 만져 뜨겁거나 차가워도 당황하지 말자. 손으로 판단하면 오차가 있으므로 이렇다 할 질병이 없으면 경과를 지켜본다.

21 떨고 있고 체온이 낮다!

개의 체온이 38.5도 이하로 떨어지면 낮은 상태라고 할 수 있다. 저체온은 상당히 컨디션이 나쁜 상태이므로 위험 신호이다. 노견의 경우는 원래 체온이 낮아서 37.5도인 경우도 있지만, 보통 성견이 38도 이하이면 **외상**이나 **내장질환** 등 모든 질병의 가능성이 있다. 체온을 측정하여 너무 낮으면 신속하게 병원에 간다.

의심되는 질병 → 외상, 내장질환 등

너무 추워하면 난방을 틀고 이불을 덮어주거나, 보온주머니에 온수를 담아 타월 등으로 감싸고 있도록 한다.

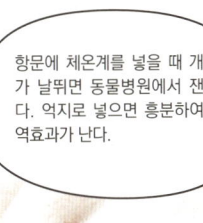

항문에 체온계를 넣을 때 개가 날뛰면 동물병원에서 잰다. 억지로 넣으면 흥분하여 역효과가 난다.

43

22 설사가 계속된다!

설사를 일으키는 원인은 위장의 이상이나 세균 바이러스에 의한 것, 기생충, 소화관의 종양에 의한 것 등 다양하다. 먹는 양을 조절하여 바로 호전되면 문제가 없지만 증상이 계속되면 좋지 않다. 방치하면 탈수증상을 일으키므로 애견용 음료 등을 주고 신속하게 병원에 데리고 간다.

의심되는 질병 → 위장의 이상, 기생충, 세균 바이러스 질환, 소화관의 종양 등

정상 변
고체. 적당히 단단하여 지면에 들러붙지 않는다. 손가락으로 찔러도 형태가 흐트러지지 않는 상태.

묽은 변
고체~진흙 상태. 약간 흐트러진 느낌의 묽은 변. 일부 변이 지면에 남는 정도의 묽기.

설사
진흙상태~물 같은 상태. 수분이 많아 형태가 흐트러져 지면에 남는 상태.

23 변비에 자주 걸린다

변비가 계속되면 스스로 배출하지 못하게 된다. 병원에서 관장을 받아 숙변을 제거한 후 식생활에 신경을 써준다.

개의 변비는 흔히 회음 헤르니아에 의해서 생기는 경우가 많다. 이때는 항문주위가 돔 형태로 볼록해져 있다. 그 밖에도 장의 종양이나 전립선비대, 노화, 거대결장 등이 원인인 경우도 있다. 내원 전에 변의 '점도' '굵기' '형상' 등을 관찰하여 수의사에게 전달하면 판단이 수월하다.

의심되는 질병 → 회음 헤르니아, 장의 종양이나 전립선비대, 노화, 거대결장 등

만성적인 변비가 지속되어 거대결장증으로 발전한 개의 엑스레이 사진. 고령견은 변비에 잘 걸리므로 섬유질을 주어 변비를 예방한다.

24 호흡이 거칠고 침을 많이 흘린다

한여름에 숨이 거칠고 침을 흘리면 열중증의 가능성이 있다. 때로는 쇼크 상태에 빠져 경련이나 구토, 의식혼탁 등의 증상이 나타나고 심한 경우 사망에 이른다. 샤워 등 응급 처치를 한 후 신속하게 병원에 간다. 열중증이 생기는 시기가 아니면 폐나 기도에 문제가 생겼을 수 있으니 바로 병원에 데리고 간다.

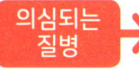
의심되는 질병 → 열중증, 폐나 기도의 트러블 등

소형견은 대응이 늦으면 비극적인 일이 일어날 수도 있다. 한여름에는 열중증에 걸리지 않도록 세심하게 관리할 필요가 있다.

6월이 지나면 갑자기 더워지는 날이 있으므로 혼자 집을 지키게 할 때는 주의가 필요하다. 미리 에어컨 설정을 해놓는 등의 배려가 필요하다.

25 잇몸 색이 하얗게 변했다

잇몸 색이 이전보다 하얗거나 옅은 핑크색을 띠면 조심한다. 암 등 악성 종양에 기인한 빈혈과 면역 시스템이 무너져 적혈구를 파괴하는 면역개재성 용혈성 빈혈, 바베시아 원충에 기생하여 일어나는 바베시아증에 의한 빈혈 등이 의심된다. 기운이 없고 식욕이 없다거나 숨을 거칠게 쉰다면 신속하게 병원에 데리고 간다.

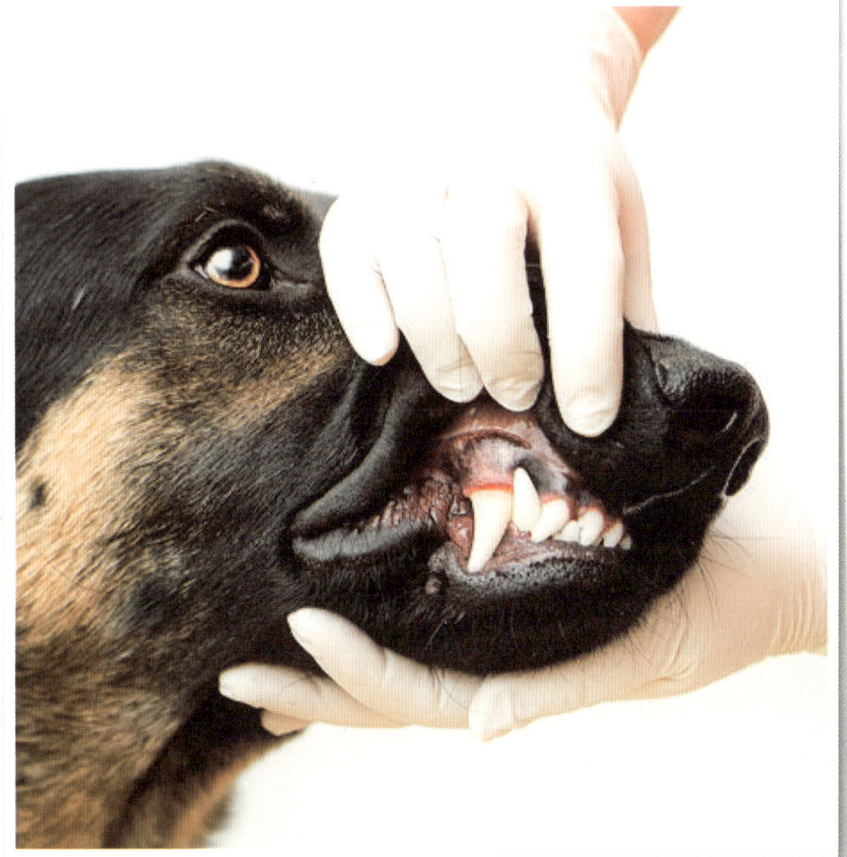

의심되는 질병 → 악성 종양 기원의 빈혈, 면역개재성 용혈성 빈혈, 바베시아증에 의한 빈혈 등

잇몸 외에 혀나 생식기의 점막 색으로도 개의 컨디션을 판단할 수 있다. 이를 가시적 점막이라고 부른다.

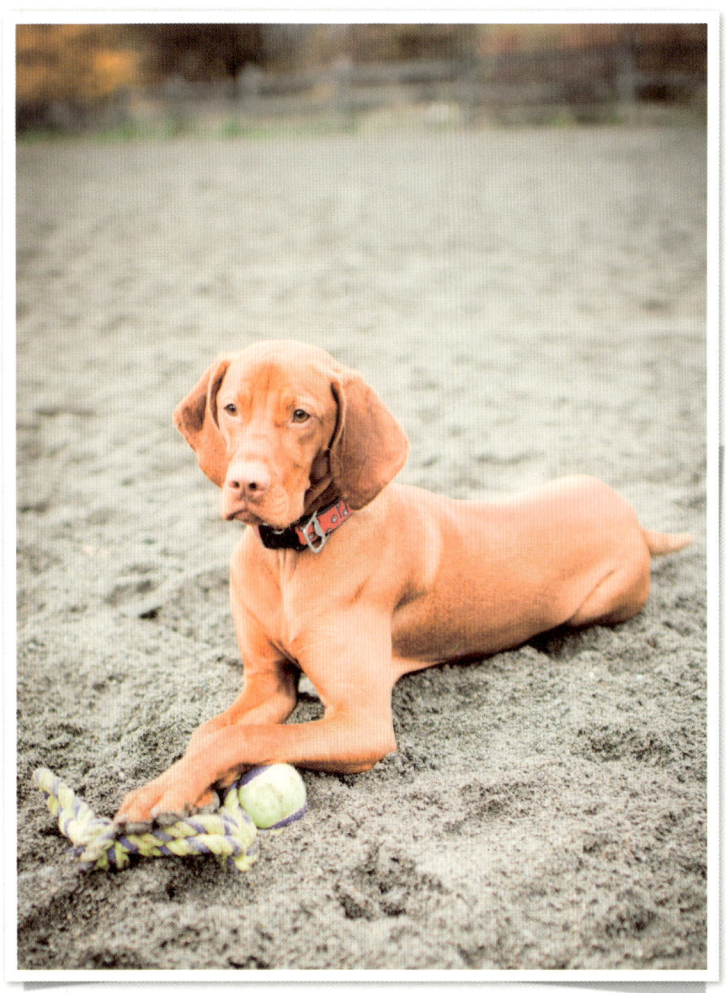

건던 개가 갑자기 주저앉거나, 몸이나 목이 한쪽으로 쏠리거나, 배회 증상 등이 나타나면 주의가 필요하다. 어떤 질환의 가능성이 있다.

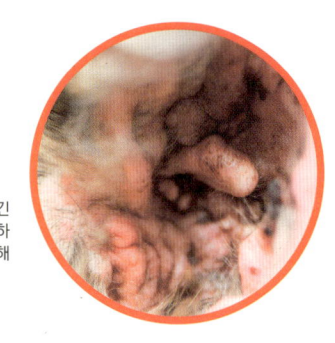

저먼 셰퍼드의 귀 속에 생긴 폴립. 현재는 암으로 발전하지는 않았지만, 차후를 위해 신속하게 치료해야 한다.

정말 이상한데? 알아야 할 이상 신호 26

걸음걸이가 불안정하다!

비틀거림은 내이염, 추간판 헤르니아, 뇌종양 등의 뇌 질환 외 여러 질병을 의심할 수 있다. 내이염일 경우 잘 서지 못하고, 목이 한쪽으로 쏠려 있거나, 때로는 배회하는 경우도 있다. 추간판 헤르니아는 다리 통증이 나타나기도 한다. 뇌 질환은 간질이나 눈의 초점이 맞지 않는 증상 등이 나타난다. 이러한 증상을 동영상으로 찍어 수의사에게 보여주고 진단을 받는다.

의심되는 질병 → 내이염, 추간판 헤르니아 뇌종양 등의 뇌 질환 등

정말 이상한데? 알아야 할 이상 신호 27

아무 징후 없이 갑자기 쓰러졌다!

갑자기 쓰러지는 요인도 다양하다. 심장병에 의한 실신, 간질 발작, 열중증 등의 가능성이 있다. 심장 질환의 경우는 쓰러진 후 수초 후에 깨어나는 경우도 있지만, 간질은 경직을 수반하는 경우가 많아 깨어날 때까지 시간이 걸린다. 그때는 잇몸이나 혀의 색, 동공의 움직임을 봐두면 진단이 수월하다.

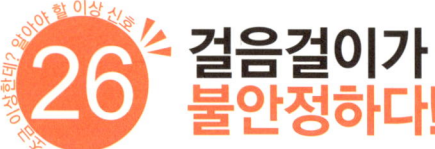

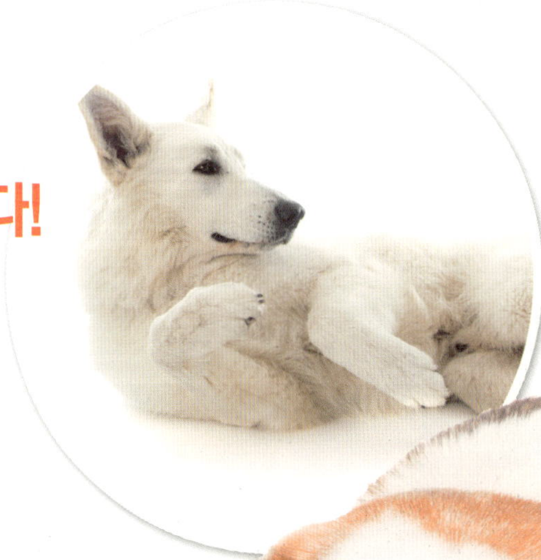

나이가 들면 심장이 나빠지기 마련이다. 갑자기 쓰러지는 증상이 자주 생기면 신속하게 병원에 간다.

의심되는 질병 → 간질, 심장질환, 열중증 등

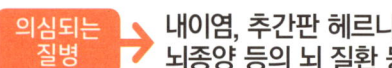

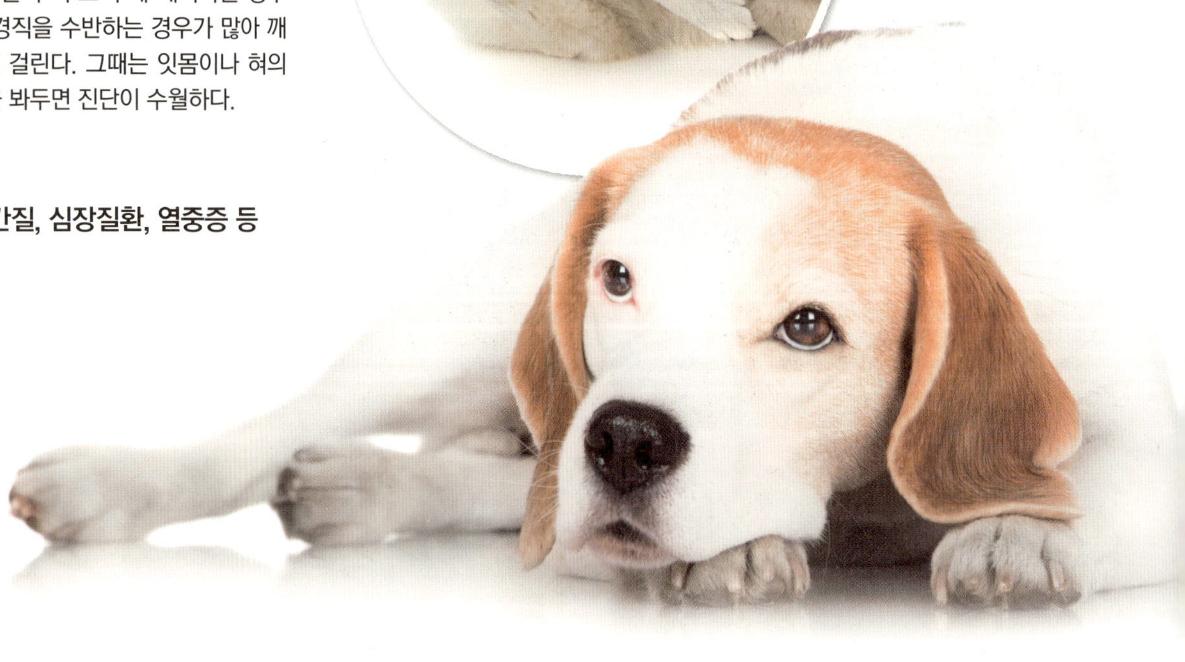

간질 치료는 신속하게 대처해야 한다. 쓰러지거나 경직이 수반되면 바로 병원에 간다. 초기에는 약물 투여로도 호전된다.

반려견을 장수시키는 힌트집

의심되는 질병

구토	• 가끔 토한다 • 과식 • 공복에 위액을 토한다 • Dog Food가 상했다 • 위에 이물질이 있다 • 위에 염증이나 종양이 있다 • 내장질환 • 전염병에 의한 쇠약
토출	• 식도 협착 • 거대식도증

28 요즘 토하는 일이 잦다

개가 가끔 토한 것을 먹기도 하지만 그것은 토해낸 것이 아까워서 하는 행동이므로 딱히 걱정할 필요는 없다. 먹은 후 어느 정도 시간이 흐른 후 토하는 것이 구토이며, 먹자마자 토하는 토출(吐出)과는 다르다. 왼쪽 표는 의심되는 질환 일람이므로, 자주 토하고 발열이 있거나 기운이 없는 것 같으면 서둘러 병원에 간다. 토사물을 가져가면 빠른 진단이 가능하다.

불독 등은 출산 시 위험이 특히 크고 산후에 자견이 어미견 밑에 깔리는 일도 있다. 제왕절개 확률이 높으므로 미리 동물병원에 조치를 해 놓는다.

29 배가 볼록해졌다? 혹시 임신!?

일본에는 예전부터 개의 날(戌의 날)에 절에 가서 기도하면 순산한다는 속담이 있듯이 개는 순산의 상징이다. 일본산 중형견의 대부분은 인간의 손을 빌리지 않고 쉽게 출산했기 때문에 그런 속담이 남아 있다. 지금도 중형견 이상은 그렇게 신경 쓰지 않아도 되지만, 소형의 서양 견종은 난산(難産)인 경우가 많고, 그 중에는 제왕절개를 하는 경우도 있으므로 잘 지켜봐야 한다. 또 임신에서 출산까지 걸리는 기간은 약 두 달 정도인데, 인간이 생각하는 이상으로 성장속도가 빠르므로 이 시기에는 각별히 신경을 쓴다. 또 임신 55일 정도에 엑스레이를 찍어 새끼 수를 확인해두면 출산이 훨씬 수월해진다. 양수가 터졌는데도 나올 조짐이 없을 때는 견종을 불문하고 신속하게 수의사에게 연락한다.

막 태어난 새끼는 면역이 없다. 출산 후 어미견의 젖을 통해 면역을 나누어 갖는데 그 효과가 2개월밖에 지속되지 않으므로 생후 2개월 이후에는 혼합 백신을 접종해야 한다.

30 견종별로 주의해야 하는 질환

꼭 알아두어야 할 이상 신호!

> 견종별로 걸리기 쉬운 질환이다. 일본에서 사육되는 24개 견종별 질환 일람표이다. 사육 수는 일반 사단법인 일본 케넬 그래프 조사 2013년도 판을 근거로 하고 있다.

순종인 경우 견종별로 잘 걸리는 질환이 있다. 그 이유는 가까운 혈연관계끼리 교미를 반복하기 때문이라고 알려져 있다. 개들의 사랑스러운 특징이 오히려 질병의 원인이 되기도 한다. 몸통이 긴 견종에게는 헤르니아가, 소형견에게는 관절질환이나 수두증이, 퍼그처럼 코가 납작한 개에게는 피부질환이 생기기 쉽다. 이러한 종은 키울 때 특히 주의한다.

닥스훈트
(카닝헨 미니어처 스탠더드)
- 추간판 헤르니아
- 면역 이상

치와와
- 수두증
- 관절
- 기관허탈

푸들
(토이 미니어처 미디엄 스탠더드)
- 관절
- 피부질환

시바견
- 피부병
- 망막위축

요크셔테리어
- 관절
- 슬개골의 탈구

포메라니안
- 관절
- 수두증

미니어처 슈나우저
- 면역이상
- 관절
- 피부질환

몰티즈
- 심장질환
- 관절

시츄
- 피부질환
- 각막외상

파피용	골든 리트리버	프렌치 불독
• 백내장 • 난산	• 백내장 • 피부질환	• 척추형성 이상 • 난산

잭 러셀 테리어	레브라도 리트리버	웰시 코기 팸브룩
• 피부질환 • 눈의 질병	• 백내장 • 피부질환	• 추간판 헤르니아 • 비만에 의한 내장질환

미니어처 핀셔	카발리에 킹 찰스 스패니얼	퍼그
• 눈의 질병 • 심질환	• 백내장 • 관절	• 피부질환 • 각막외상 • 관절

비글	페키니즈	보더 콜리
• 비만 • 백내장 • 피부질환	• 눈의 질병 • 호흡기질환 • 관절	• 피부질환 • 눈의 질병 • 관절

버니즈 마운틴 도그	이탈리안 그레이하운드	셔틀랜드 십독
• 관절 • 눈의 질병	• 골절 • 관절	• 외이염 • 피부질환

노견이 되었다면 신경써야 할 것 10

놓치지 말아요

지금까지 병원에 간 적이 없는 건강한 개라 하더라도 나이가 들면 각종 이상 증상이 나타난다. 나이가 들면서 약해지기 쉬운 10개 부위를 소개하고, 어떤 질병에 걸리기 쉬운지 알아보자. 노화의 징후나 이상이 보인다면 신속하게 관리해주는 것이 중요하다.

노견이 되었다면 신경 써야 할 것 01 — 눈의 노화

백내장 등으로 시력이 나빠져 걸을 때 사물에 부딪치는 경우

8세 이상의 노견은 서서히 시력이 떨어진다. 눈동자가 하얗게 되거나 무언가에 부딪치면서 걷는다면 백내장을 앓고 있을지도 모른다. 또 노화에 의해 건성 각막염(드라이 아이)에 걸리기 쉬우므로 눈 주위를 긁는다면 가끔 안약을 넣어준다. 눈꺼풀 주위는 악성 종양이 생기는 경우가 있으므로 눈 주위에 어떤 변화가 없는지 매일 살펴본다.

백내장은 완치가 어려우므로 안약 등의 처방요법으로 진행을 늦춘다. 눈동자가 하얗게 탁해 보이면 신속하게 동물병원에 데리고 간다.

개는 본래 시력이 좋지 않다. 그래서 눈이 잘 보이지 않더라도 평소처럼 생활하는 경우가 많다.

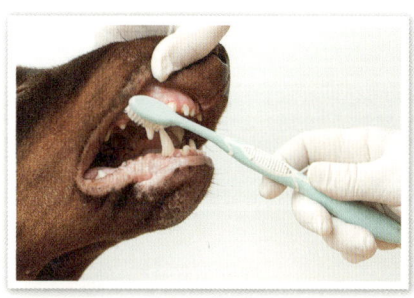

손 양치에 익숙해지면 어린이용 칫솔을 사용해서 닦아준다. 어금니 표면에 치구가 쌓이기 쉬우므로 중점적으로 닦아준다.

노견이 되었다면 신경 써야 할 것 02 — 이의 노화

치조농루에 걸리지 않도록 어릴 때부터 이 닦기를 습관화

개는 충치가 잘 생기지 않지만 인간과 마찬가지로 치구는 생긴다. 치구를 방치하면 치조농루가 생기고, 치조농루가 악화되면 이빨이 빠져 건강에 이상이 생긴다. 치아 건강을 유지하는 것은 개를 장수시키는데 중요하므로 어릴 때부터 이 닦기에 익숙해지도록 해준다. 이 닦기는 적당한 횟수, 방법, 도구가 다르므로 수의사의 지시를 받는다.

치조농루가 악화되어 화농이 생기면 세균으로 인해 턱뼈가 괴사하는 경우가 있다. 그러면 오래 살기 힘들다.

03 관절과 뼈의 노화
노견이 되었다면 신경 써야 할 것

나이가 들면서 관절이나 연골이 노화되어 보행이 불편해지는 경우도

관절은 활액(관절의 운동을 원활하게 하는 점액)과 연골에 의해서 부드럽게 움직이는 것인데 나이가 들면서 기능이 저하되어 동작이 불편해진다. 원인은 관절의 변형이나 인대 파열, 골다공증, 류마티스성 관절염 등이 있다. 통증이 있으면 소염제나 글루코사민 등으로 완화시켜 나이가 들어도 개가 스스로 걸을 수 있도록 관리해준다. 질병으로 다리를 못 쓰는 경우에는 비싸지만 보조 기구를 사용하는 방법도 있다.

보조차 외에 손으로 들어 올리는 보조 기구도 있다. 펫살롱이나 동물병원에서 구입할 수 있고, 또 사진처럼 천으로 들어 올리는 방법도 있다. (P10의 기사 참조)

뼈와 관절의 악화로 생기는 질환

- **변형성 관절염, 변형성 척추증**
노화로 인해 뼈가 변형되어 신경을 자극하여 보행 장해가 발생한다. 척골에서 발생하면 척추증이 되고, 뒷다리가 마비되는 경우도 있다.

- **인대파열, 탈구**
나이가 들면 인대도 약해져 인대파열이나 탈구가 잘 일어나게 된다. 무리한 운동을 피하고 비만을 예방하는 것이 최선책이다.

- **골다공증**
인간과 마찬가지로 개도 나이가 들면 뼈가 약해져 골다공증에 걸리는 경우가 있다. 미세한 충격으로 크게 다칠 수도 있으므로 주의한다.

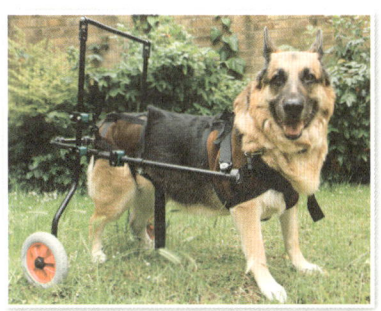

관절이 변형되면 갑자기 움직임이 불편해진다. 한쪽 다리를 보호하면서 걷는 동안 반대쪽 다리도 나빠지는 경우가 있으니 신속하게 병원에 간다.

04 근육의 노화
노견이 되었다면 신경 써야 할 것

조심스럽게 걷도록 하여 근육의 노화를 방지하자

관절이나 뼈와 마찬가지로 근육도 나이가 들면서 노화된다. 근력이 저하되면 산책하는 것을 싫어하거나 금세 지치는 경우도 있다. 관절염 등 관절이나 뼈 질환이 없다면 되도록 밖에서 걷도록 하여 근력을 키워준다. 그렇다고 젊었을 때처럼 운동을 시키면 뼈와 관절에 무리가 가므로 역효과가 나므로 적당히 시키도록 한다.

나이가 들면 지나친 산책은 몸에 해로우니 적당히 시키도록 하자. 바닥이 고르지 못하면 부상의 원인이 되므로 평평한 길을 선택한다.

나이가 들수록 자는 시간이 길어지고 산책을 기피하게 된다. 컨디션이 나쁘지 않다면 근력 저하 방지와 기분전환을 위해 밖으로 데리고 나가자.

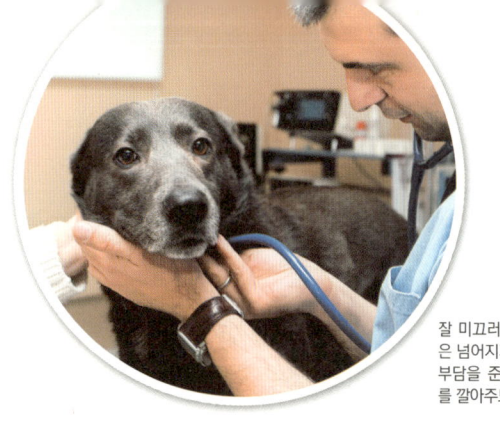

잘 미끄러지는 마룻바닥은 넘어지기 쉬워 심장에 부담을 준다. 러그 매트를 깔아주도록 한다.

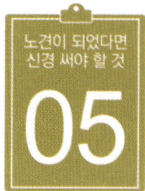

노견이 되었다면 신경 써야 할 것 05
심장의 노화
걷기만 해도 숨이 거칠다면 심장기능이 저하되었다는 증거

나이가 들면 겉모습은 물론이고 내장 기관도 쇠퇴한다. 심장도 기능이 저하되어 좌심실과 우심방의 작용이 나빠지거나 혈액 순환이 악화되기도 한다. 현기증이나 탈진, 심부전이 일어날 가능성도 높다.

그냥 걷기만 해도 숨이 가쁘거나 가벼운 운동으로 호흡이 거칠어지고 기침을 자주 하고 배나 다리가 붓는 증상이 있으면 심장이 약해졌다는 증거이다. 심장에 부담이 가지 않도록 신경 쓴다. 특히 급격한 기온의 변화는 신체에 부담을 주게 된다.

넘어지거나 호흡곤란이 잦으면 일단 심장에 문제가 있는지 진단을 받아보도록 한다.

노견이 되었다면 신경 써야 할 것 06
내장의 노화
여러 장기의 기능이 저하되어 소화불량이 일어나는 경우도 있다

나이가 들면 간장이나 신장, 위, 소장, 대장 등 모든 내장이 노화된다. 위장 등의 소화기능이 저하되면 구토, 설사나 변비 등 소화불량이 잘 생기므로 되도록 위에 부담이 적은 음식을 준다. 젊었을 때와 같은 식사를 주면 건강을 해친다. 또 신장의 경우는 노령성 신부전, 간장은 분해기능이 저하되어 몸이 붓기도 한다. 정기적으로 검진을 받아 어느 기능이 저하되어 있는지 계속해서 확인하는 것이 장수하는 비결이다.

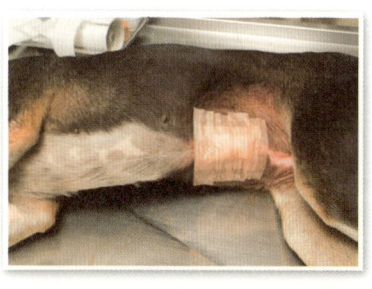

위독한 상태에 놓이면 개복수술을 하는 경우도 있다. 고령견은 체력이 약하므로 위험하다.

각 장기가 노화되면

- **간장**: 간장의 분해 능력이 저하되므로 투약량을 신중하게 정할 필요가 있다. 또 단백질의 합성 능력이 떨어져 저단백혈증을 일으키는 경우도 있다.

- **신장**: 노령성 신부전이 일어나기 쉽다. 다음다뇨(多飮多尿) 증세로 물을 많이 마시거나 지나치게 오줌을 배출한다면 신부전이 있는지 진찰을 받도록 한다.

- **위**: 위의 소화 능력이 저하되어 드라이 푸드 등을 소화되지 않은 상태에서 토하는 수가 있다. 부드럽게 해서 주거나 한번 줄 때 양을 줄이고 횟수를 늘린다.

- **소장, 대장**: 소화기능과 흡수 능력이 저하되므로 배탈이 잘 난다. 또 대장의 연동운동(장의 수축·이완)이 약해져 변비에 걸리기 쉽다.

07 노견이 되었다면 신경 써야 할 것
치매의 징후

밤에 울거나 배회하고 성격이 급변하면 주의

모든 개가 그렇지는 않지만 나이가 들면 일부 개는 치매에 걸리기도 한다. 치매와 동시에 운동기능도 저하된다. 치매의 주된 증상은 밤에 울거나 배회하거나 무기력함이다. 밤이 되면 흥분하여 짖어대거나 몽유병 환자처럼 배회하고, 무기력하고 반응이 나쁘다면 치매를 의심해보자. 치매로 인해 얌전했던 개가 갑자기 공격적으로 변하는 경우도 있으므로 주의한다.

치매가 진행되지 않도록 적극적으로 말을 걸거나 쓰다듬어 주는 등의 외적 자극을 준다.

치매의 증상

• 밤에 울부짖는다
낮과 밤의 인식이 모호해져 한밤중에 일어나 흥분하며 짖는 상태를 가리킨다. 수면제나 신경안정제로 행동을 진정시킨다.

• 배회한다
밤에 울부짖는 증상과 함께 일어난다. 어디를 가든 배회하므로 배변 시트가 깔린 케이지 안에 넣어 배회하는 행동을 제한시킨다.

• 무기력, 무반응
불러도 반응이 없고, 무기력한 것은 치매의 증상이다. 적극적으로 말을 걸거나 산책을 나가 건강한 생활을 유지시킨다.

치매가 심해지면 약을 먹어도 듣지 않으므로 신속하게 병원에 데리고 간다.

08 노견이 되었다면 신경 써야 할 것
병상에 누웠다면

병들어 자리에 누웠다면 최상의 환경을 만들어준다

나이가 들어 노쇠하면 거의 누워서 지내는 일이 많아진다. 그럴 때는 좋은 환경에서 생활할 수 있도록 배려해준다. 요즘에는 기능적인 애견용 보호 패드도 나와 있다. 가끔 자세를 바꾸어주어 욕창이 생기지 않도록 해준다. 식사도 물과 Dog Food를 섞어 믹서기로 갈아서 주사기로 조금씩 입에 넣어주자. 또 동물용 실버 홈이나 호스피스에 입원시키는 방법도 있다.

보호 패드 만드는 방법

저(低)반발 매트리스를 비닐로 감싼다. 그 위에 흡수 배변 시트를 깔고, 그 위에 배스 타월을 깔면 된다. 더러워지면 배변 시트와 배스타월을 교체한다.

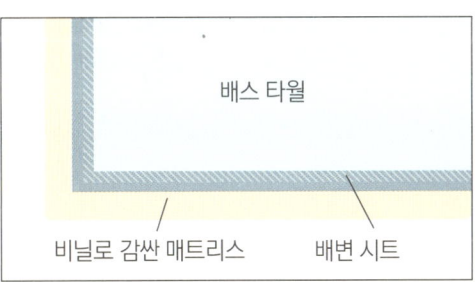

유모차에 태워 가끔 바깥 공기를 쐬어 주거나 좋아하는 곳에 데리고 가서 보조 기구로 몸을 지탱해주면서 조금씩 걷도록 해주면 기분 전환이 되어 개도 좋아한다.

누워서 지낸다면 샴푸는 드라이 타입을 권한다. Joy Dry Shampoo 200ml는 자극이 적고 닦아내는 타입이라 사용하기 편리하다.

암(종양)에 대해서

노견이 되었다면 신경 써야 할 것 09

암에 걸렸다고 포기하지 말고 애견에게 맞는 치료로 완치되기를 기원한다

오랫동안 함께 한 애견을 위해 최선을 다한다. 어떤 선택을 하는가는 주인에게 달려 있다.

예전보다 개의 수명이 길어져 암에 걸리는 개가 늘고 있다. 노견이 되면 면역력이 떨어져 암에 잘 걸리기 때문이다.

암에는 악성과 양성이 있고, 양성이면 치료하지 않고 방치하는 경우도 있지만 악성은 조기발견이 매우 중요하다. 그러므로 매일 건강 체크를 하고 동물병원에서 정기적으로 진료를 받도록 해야 오래 살 수 있다.

또 악성 종양이지만 항암제로 완치되는 경우도 있고, 노견의 경우는 암의 진행 속도가 다소 느리기 때문에 치료를 하면서 천수를 누리는 경우도 있다. 전신으로 암이 전이되었다면 완치는 어렵지만, 진통제로 통증을 완화시킬 수 있다. 암에 걸렸다고 낙심하지 말고 의사와 함께 암에 대적해보자. 완치는 아니더라도 암과 더불어 살아가는 방법을 터득하게 될 것이다.

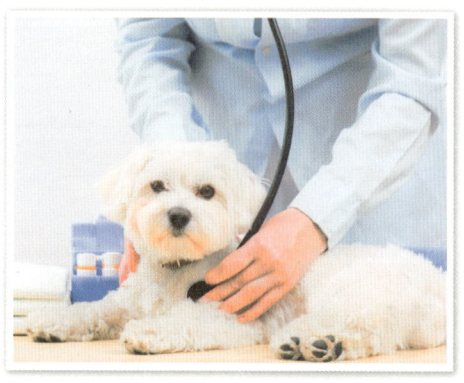

9세 이후는 정기검진으로 건강을 체크하여 조기에 질병을 찾아내자.

종양은 악성과 양성이 있다

악성 종양 **양성 종양**

악성종양=일반적인 암을 말한다. 하루라도 빨리 치료하는 것이 중요하다.
양성종양은 암은 아니지만 암으로 발전할 가능성이 있으므로 지속적으로 관찰하는 것이 좋다.

개가 잘 걸리는 암(종양)

유선종양

암컷에게 생기는 종양이다. 피임수술을 받으면 발생률을 낮출 수 있다. 평소 마사지를 해주면서 유선 덩어리가 있는지 확인한다. 초기는 절제+피임수술로 완치를 기대할 수 있지만 전이된 경우는 완치가 어렵다. 고령견의 경우에는 위험 부담이 커서 수술을 포기하는 경우도 있다.

비만세포종

유선 종양에 이어서 잘 발생하는 피부 종양이다. 그 중에서도 피부에 발생하는 비만 세포종은 까다로운 암 중 하나이다. 피부에 생기는 직경 수 cm의 종양이지만 그 형태가 다양해서 견주가 발견하기는 어렵다. 평소와 달리 이상한 멍울이 만져진다면 수의사에게 진찰을 받도록 한다.

골종양

뼈에 생기는 암이다. 엑스레이를 찍어도 잘 나타나지 않아 판단에 시간이 걸리는 암의 일종이다. 사지(四肢) 외에 턱에 생기는 경우도 있다. 사지의 경우는 통증이나 불쾌감이 있으므로 놓치지 않도록 한다. 수술로 암 부분을 도려내는데, 전이되는 경우도 많아 상당히 까다로운 암이다.

편평 상피암

눈이나 입술, 육구(발바닥의 부드러운 부분) 등 수술하기 힘든 곳에 잘 생기는 암이다. 어느 정도 진행된 경우에는 그 부위를 도려내듯이 절제할 필요가 생기므로 조기발견이 중요하다. 다만 그 형태가 제각기 다르므로 수의사에게 진찰을 받아야 한다. 치료는 수술 외에 방사선 치료도 있다.

내장 종양

간장이나 신장 등 내장에 생기는 암을 말한다. 부위에 따라 다르지만 상당히 진행된 상태인데도 증상이 없는 경우가 많다. 피부 등 체표에 생기는 암과 달리 조기발견도 어렵다.

조기발견이 중요하다!

10 애견과의 이별

애견과의 이별, 어떻게 맞이할 것인가?

반려견을 장수시키는 힌트집

반려견의 마음을 가장 잘 헤아릴 수 있는 사람은 오 갯동안 함께 해 온 반려인 이다. 반려견의 마음을 살 펴 정성껏 보내도록 하자.

슬픈 일이기는 하지만 아무리 건강한 개라도 언젠가는 헤어지는 날이 온다. 그때를 어떻게 맞이할 것인지, 반려견이 나이가 들면 조금씩 염두에 두어야 한다. 죽음을 맞이할 장소는? 치료방법은? 장례는? 등등 여러모로 힘들겠지만 반려견에게 가장 좋은 방법을 선택하도록 한다. 최근에는 애견 전용 호스피스도 각지에 생겨 동물들의 마지막 의료의 형태도 달라지고 있다.

어떻게 떠나보낼 것인가?

• 죽음을 맞이할 장소

'죽음이 멀지 않았음'을 직감했을 때 어디서 죽음을 맞이할 것인가? 병원, 아니면 집? 냉정하게 판단해야 한다. 요즘에는 집에서 편안하게 보내주고 싶다는 반려인들도 많아지고 있다.

• 연명치료·안락사

당신의 반려견이 사경을 헤매고 있다면? 과연 연명치료를 할 것인가를 미리 생각해 둘 필요가 있겠다. 원하면 응급소생술을 선택하겠지만, 너무 괴로워하면 안락사를 택할 수도 있다. 최선의 선택을 하자.

— 애견의 건강체크 리스트 —

애견의 건강관리에 도움이 되는 몇 가지 항목을 정리해보았다.
일상적인 삶 속에서 무언가 달라진 점이 없는지 정기적으로 체크해보자.

🐾 매일 확인해야 하는 것

반려견을 장수시키기 위해서는 늘 건강을 확인하는 것이 중요하다. 무언가 달라진 점이 없는지 항상 확인하면서 생활하면 사고를 미연에 방지하거나 조기에 발견할 수 있다.

☐ **활동성**
움직임에 이상한 점이 없는지, 눈이나 귀, 엉덩이, 꼬리 등의 감정표현이 줄어들지는 않았는지?

☐ **변동성**
색이나 냄새, 횟수와 점도, 소요시간 등 어떤 변화는 없는지? 변에 이물질이 섞여 있지 않은지?

☐ **브러싱**
털이 짧은 견종은 매일 빗질을 하지 않아도 되지만 털이 긴 견종은 매일 브러싱을 해야 한다. 빠지는 털이나 윤기도 확인하자.

☐ **동작에 대해서**
어딘가를 보호하듯 걷고 있지는 않는지? 특정 동작을 싫어하거나 아파하지는 않는지?

☐ **식욕**
평소보다 먹는 속도가 느려지지 않았는지? 입 안 가득 넣고 흘리면서 먹거나 입이나 치아에 달라진 점이 없는지?

☐ **발끝**
육구나 발톱에 상처가 있거나 발톱이 빠진 곳은 없는지? 피부염 등은 없는지?

☐ **눈**
심하게 충혈되었거나 눈곱이 끼어 있지는 않은지? 눈꺼풀이나 형태에 이상이 없는지? 눈은 좌우 대칭인지? 검은자위가 탁하지는 않은지?

☐ **오줌**
오줌의 색이나 냄새, 횟수에 변화는 없는지? 오줌발의 세기가 약하거나 중간 중간 끊기는 등의 이상이 없는지? 배뇨 시간이 길어지지는 않았는지?

🐾 15일~월1회 확인해야 하는 것

매일 확인할 정도는 아니지만 한 달에 한번 정도는 체크해야 할 항목이다. 정기적으로 체크하면 조금씩 반려견의 변화를 확인할 수 있다. 노트에 메모하여 남기는 것도 효과적이다.

☐ **귀**
귓밥이 쌓여있는지? 냄새나 붉은 기가 있는지? 가려워하지는 않는지?

☐ **샴푸**
실내에서 키우는 경우에는 15일~한 달에 한 번은 샴푸를 해준다. 귀나 피부에 변화가 없는지 확인한다.

☐ **발정 주기**
이상할 정도로 발정 주기가 빠르거나 느려지지는 않는지? 음부에서 고름이 나오지는 않는지? 점막 색에 이상한 곳은 없는지?

☐ **전신의 피부**
때나 냄새, 탈모에 외상, 종기 등 눈에 띄는 변화는 없는지? 눕혀서 복부도 확인할 것.

☐ **체표의 멍울**
피부나 유선에 종양을 의심케 하는 멍울은 없는지, 림프나 뼈, 관절의 변화는 없는지 등 전신을 만지면서 확인한다.

☐ **입안 (口內)**
치구가 쌓여 있는지? 잇몸 염증은 없는지? 입속에 종양은 없는지?

☐ **체중**
약간의 체중 증감은 문제없지만, 식사 내용이 달라지지 않았는데 크게 변하면 무엇인가 원인이 있을 수도 있다.

☐ **항문선**
엉덩이에 있는 항문선. 이 내분비액은 그냥 두면 염증을 유발하므로 샴푸 시에 잘 닦아준다.

☐ **발톱**
발톱이 너무 길지는 않은지? 부러지지 않았는지 확인. 또 한쪽만 마모되어 있는지?

🐾 연1회 확인해야 하는 것

단골 병원에서 확인해야 할 것이 이 부분이다. 사람과 마찬가지로 1년에 한 번은 건강검진을 받아야 한다. 고령견에게 부담이 큰 검사를 할 때는 수의사와 상담하면서 진행한다.

☐ **흉부복부의 엑스레이**

☐ **혈액검사**

☐ **대변검사**

정기적인 관리로 장수견을 목표로 하자!

단골 병원에서 검진 받고 건강하게 오래 살자

좋은 주치의 고르는 법

반려견의 건강검진이나 각종 백신 접종, 광견병, 필라리아 예방 등으로 매달 동물병원을 방문하게 된다. 견주에게는 진료와 치료는 물론이고 건강면에서도 조언을 해주는 든든한 존재이다!
개는 말을 못하는 동물이므로 견주나 동물병원 선생님이 꼼꼼하게 개의 상태를 점검하도록 해야 한다. 오랫동안 믿고 다닐 수 있는 병원이나 선생님을 잘 선택하는 것이 중요하겠다!
개가 갑자기 부상을 당했을 때나 중병에 걸렸을 때 허둥지둥 찾지 않도록 평소에 단골 병원을 만들어두자.
또한 병원 선택 외에 표준 의료비나 보험 등 반려견에게 드는 비용 문제도 알아두면 비상시에 당황하지 않고 치료에 전념할 수 있다. 소중한 내 강아지를 위해 미리 체크하고 준비한다.

01 병원은 청결한가?

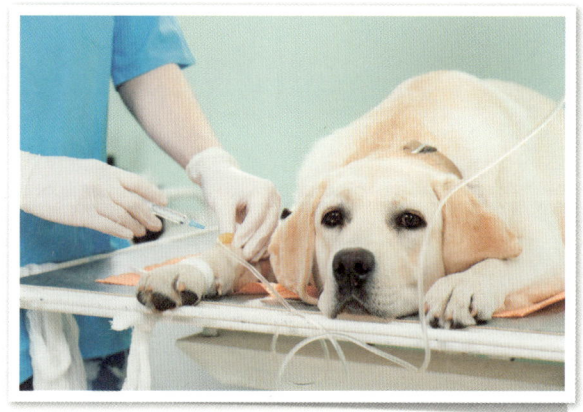

건강진단 시에 사용했던 의료기구가 방치되어 있는지? 바닥은 깨끗한지? 등을 확인한다.

병원에 갔을 때 먼저 체크해야 할 것이 청결함이다. 감염증 예방을 위해서라도 병원의 청결상태를 꼭 확인한다. 오음(誤飮)이나 수술 시에 이물질이 들어갈 수도 있으므로 시설이 잘 정돈되어 있는지 확인한다.

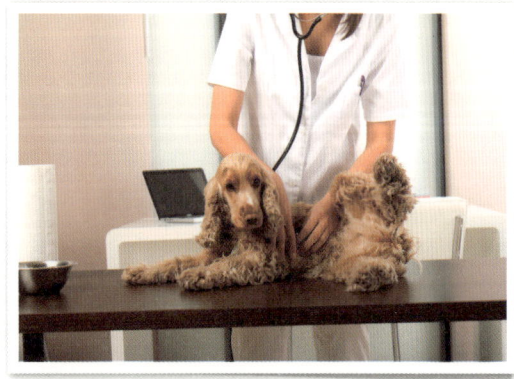

02 촉진을 한다?

사무적인 질문만 하고 진료를 마친 후 주사나 약을 처방하는 병원은 의사와의 신뢰관계 구축이 어렵다. 체온을 재고 만져보면서 견주에게 평소 모습을 묻는 등 대화를 중시하는 병원을 추천한다.

개가 잘 따르면 평소 상태도 말하기 쉽다. 애정을 가지고 접하는 것이 중요하다.

03 주변 사람들 평판은?

평소에도 부담 없이 가려면 집에서 가까운 병원이 좋다. 주변에 같은 병원에 다니는 이웃이 있으면 미리 입소문이나 평판을 들어보고 판단하면 좋겠다.

맞아! 실제로 다니는 사람들의 평판이 가장 믿을 수 있어!

04 적절한 진료비

동물병원 요금은 병원마다 차이가 있다. 치료 전에 요금을 알려주거나 정산 후에 명세가 기재된 영수증을 주는지 확인한다. 명세서를 요구했는데도 제공하지 않는 병원은 조심하자.

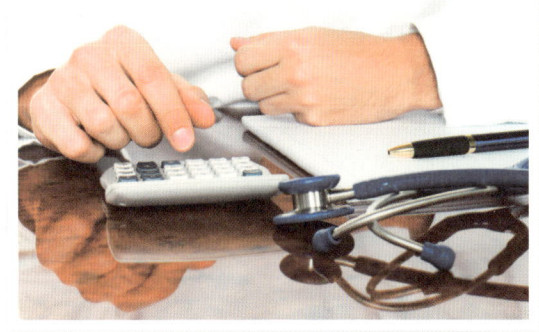

단순하게 요금만 보고 선택할 것이 아니라, 설비가 잘 갖추어져 있는지, 선생님에 대한 신뢰도 등도 잘 살펴보고 선택한다.

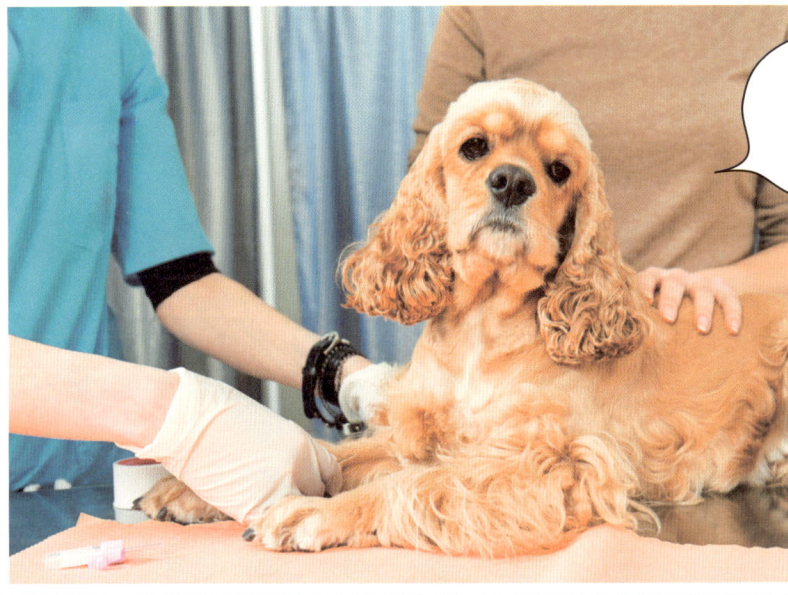

일상적인 세세한 것에도 신경을 써주는 의사는 작은 컨디션 변화도 상담이 가능해서 믿을 수 있다!

05 견주에게 일상적인 조언?

진단과 치료만 하고 끝내는 것이 아니라 그 후 어떻게 생활하는 것이 좋은지 조언해주는 의사가 이상적이다. 좋은 의사는 질병뿐 아니라 동물의 습성도 잘 알고 있기 때문에 일상적인 애견 교육 등을 상담할 수 있는 의사라면 더욱 안심이 된다!

06 의사 선생님의 전문 분야는?

의사들은 각기 전문 분야가 있다. 만약 반려견이 단골 병원의 전문 분야가 아닌 질병에 걸렸을 때 다른 전문 병원을 소개해주는 것도 주치의의 중요한 역할이다.

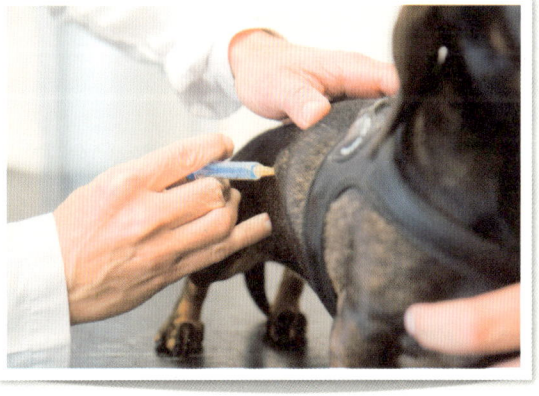

무조건 큰 병원만 고집하지 말고 주치의가 소개해주는 전문 병원에 가는 것이 좋다.

하고 있나요? 인폼드 컨센트 (Informed concent)

'인폼드 컨센트'란 수술 시에 의사가 병상이나 치료방침을 알기쉽게 설명하고 환자의 동의를 구하는 행위를 말한다. 일반 병원에서도 시행하고 있는데 동물병원에서도 견주의 동의를 얻어야 한다. 그때 궁금한 점 등을 의사에게 꼼꼼하게 물어보는 것도 견주의 역할이다. 또 치료법이나 처방된 약에 대해 자세히 설명해주는가도 체크하자.

우선 주인이 개의 증상을 알고 의문점 등이 있으면 의사에게 물어본다. 모르는 상태로 진행되면 애석한 결과를 초래할 수도 있다.

알아두어야 하는 비용 이야기

의료비 표준일람

동물병원의 진료요금이 궁금하죠! 독점 금지법에 따라 수의사 단체가 요금을 정하거나 수의사들이 요금을 정하는 것은 법으로 금지되어 있기 때문에 병원마다 요금이 다르다.

※ 실제로 지불한 금액은 각기 필요한 항목 요금을 합산한 금액이다. 진료요금은 의료기관에 따라서 다르므로 요금 내역서나 진료 내용은 주치의에게 확인한다.

입원 (하루)
※수술비, 마취비 등은 제외 (간호비, 사료비 등을 포함) (한국 5~10만 원)

- 대형견 ······ 평균 **3,906**엔
- 중형견 ······ 평균 **3,167**엔
- 소형견 ······ 평균 **2,706**엔

중성화수술
※약제비, 마취비, 입원비 등은 제외. 처치 내용이나 개의 크기, 지역 등에 따라 총액은 다르지만, 대략 수컷은 2-5만 엔, 암컷은 3~6만 엔 정도 든다. (한국 10~30만 원)

- 수컷 ······ 평균 **15,379**엔
- 암컷 ······ 평균 **24,176**엔

백신 접종
※주사제 수수료 제외

- 1종 백신 ····· 평균 **3,917**엔
- 2종 이상 혼합백신 ·· 평균 **8,185**엔

수술
※난이도에 따라 다르지만 1회 평균 비용으로 약제비와 입원비 등은 제외

- 제왕절개 ····· 평균 **35,079**엔
- 국소마취 ····· 평균 **1,770**엔
- 골절 ······ 평균 **39,290**엔
- 주사마취 ····· 평균 **6,422**엔
- 종양적출 ····· 평균 **27,866**엔
- 호흡마취 ····· 평균 **9,374**엔

진료 (한국 4,000~20,000원)

- **초진** ······ 평균 **1,191**엔
- **재진** ······ 평균 **625**엔

왕진 ※동일 지역의 평균치

- **일반** ······ 평균 **1,896**엔
- **긴급** ······ 평균 **2,332**엔

~ 종류도 다양한 애견 보험 ~

애견보험이란 반려견이 동물병원에서 의료 서비스를 받았을 때 드는 비용의 일부를 보험회사에서 부담하는 서비스이다. 반려견의 고령화로 인해 암이나 당뇨병, 백내장 등의 질병에 걸리는 확률도 높아지고 있다.
자연히 치료비도 올라가게 되는데, 그때 애견보험이 있으면 견주의 부담도 조금은 줄어든다. 반려견이 어떤 종인지, 견주의 라이프 스타일은 어떤지, 각 특성에 맞게 적합한 것을 선택한다.

통원보험
진찰비용, 처방전, 처방약 등이 보험대상에 들어가는 경우가 많다. 첫날부터 받을 수 있으며 연간 일수가 정해져 있다. 질병이나 부상 등 폭넓게 대응하는 점이 매력적이다.

입원보험
입원기간이 길어질수록 부담이 커지는 입원비를 보상해준다. 수술보험과 세트로 되어 있어 큰 질병이나 부상을 당해도 비용 걱정 없이 치료받을 수 있는 것이 큰 장점이다.

수술보험
고액 수술비용을 보상해주는 보험이다. 입원이나 통원과 세트로 되어 있는 상품을 선택하면 한층 부담이 덜하다. 연간 수술 횟수에 제한이 있는 경우가 많다.

암수술보험
일반 수술보험에 플러스로 암을 넣은 보험이다. 암진단을 받으면 일시불로 지급되며, 보상금을 높이는 상품도 있으므로 체크해보자.

장제보험
사망하여 화장이나 매장을 할 때 소정의 보험금이 지불되는 특약이다. '추모비용 특약'이나 '화장비용 특약' 등의 명칭으로 되어 있는 것도 있다.

배상보험
질병이나 부상 외에 유의해야 하는 보험 특약. 타인에게 부상을 입히거나 물건을 파손해 손해를 입히면 손해배상책임이 있다. 이때 지불되는 보험금을 말한다.

※보험의 내용 및 보상 비율은 각 보험 회사와 제품에 따라 달라진다.

마사지 받고 애견도 해피!
증상별로 효과 있는 마사지

마사지를 하면 몸속의 기(氣)와 피, 진액의 흐름이 좋아져 건강 유지 증진에 도움이 됩니다. 몸뿐만이 아니라 마음의 힐링도 가능해지는 애견과의 마사지 요령을 알아보자.

▶ 기본 마사지 방법

① 쓰다듬기
손바닥이나 손끝을 이용해 털 방향으로 쓰다듬는다.

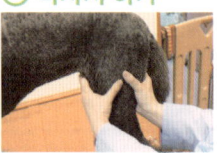
② 마사지 하기
앞다리와 뒷다리는 두 손으로 잡듯이 마사지 하는 것이 포인트.

③ 피부 당기기
피부를 잡아당기면 피부 혈액순환 효과가 있다.

④ 지압 하기
신체에 분포하는 혈자리를 3초간 지압했다가 뗀다.
※10~20회 반복한다.

전문가에게 배운다!

이시노 다카시
가마쿠라겐키 동물병원 원장, 일본펫마사지협회 이사장, 남경농업대학 교수, 요성대학 교수, 저서에는 〈개의 지압 BOOK〉 〈개의 육구 진단 BOOK〉 〈펫을 위한 침구 마사지 매뉴얼〉 등이 있다.

아이자와 마나
가마쿠라겐키 동물병원 부원장, 중국전통수의학국제배훈연구센터 객원 연구원

▶ 알아두어야 할 혈자리 위치

- **곤륜(崑崙)과 태계(太谿)** …… 뒷다리 발뒤꿈치와 복사뼈 사이, 바깥쪽이 곤륜이고 안쪽이 태계
- **족삼리(足三里)** …………… 뒷다리의 무릎 아래 약간 바깥쪽 부위
- **신유(腎兪)** ………………… 요추 2번과 3번 사이 정중앙에서 좌우 양옆으로 약 4cm 지점

---

case 1
01 요통 에는 통증을 완화시키는 마사지를

마사지는 허리의 통증을 완화시키는 한 방법이다. 척추에는 방광경이라는 경로가 있고, 내장과 밀접하게 연결되어 있다. 일단 등을 쓰다듬어 혈액순환을 좋게 하여 기류의 흐름을 개선한다.

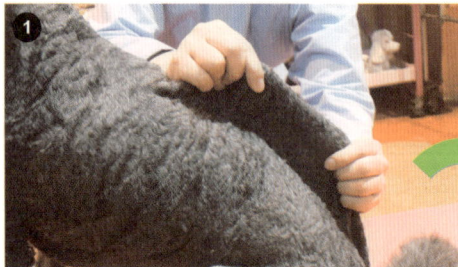
① 등의 피부를 잡아당긴다. 손으로 잡아당기는 것은 몸에 부담을 주지 않는 방법이다.

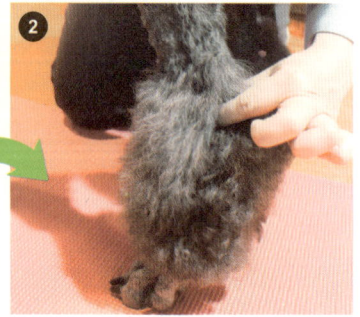
② 곤륜과 태계를 지압. 아픈 곳은 자극을 주지 말고 환부에서 떨어진 혈자리를 마사지 한다.

---

case 2
02 면역력 저하 에는 위장을 튼튼히 하는 혈을 자극

신체의 방어 시스템의 중추는 장이라고 할 수 있으며, 면역력을 올리기 위해서는 위장을 튼튼히 하는 것이 특히 중요하다. 전신의 피부를 잡아당겨 외부로부터 침입하는 질병을 퇴치하는 힘을 길러주자.

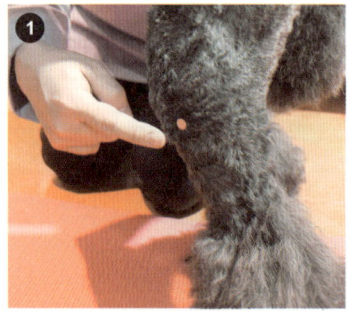
① 족삼리의 혈을 지압. 족삼리의 혈은 위장을 튼튼하게 해준다.

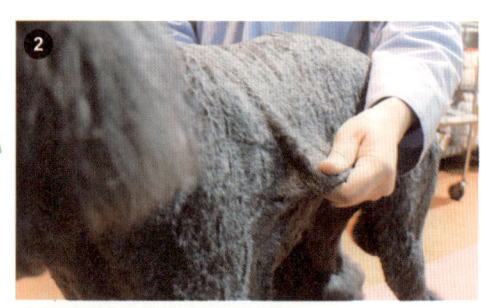
② 등, 옆구리, 가슴 등 전신의 피부를 잡아당긴다.

03 치매 일 때는 뇌 안으로 피가 돌게 한다

노화에 따라 대뇌에 노령성 변화가 생겨 인지력 저하나 수면 리듬의 변화, 보행 이상, 짖는 소리의 변화 등이 나타난다. 동양의학에서는 치매를 신정(腎精)이 부족해서 생기는 병이라 하여 뇌 안으로 피가 잘 돌게 하는 것이 중요하다고 했다.

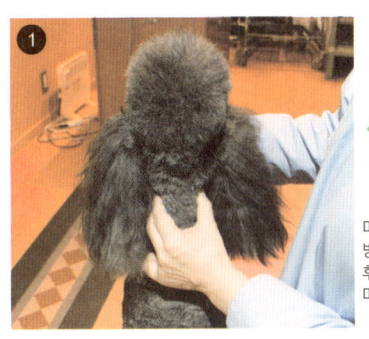

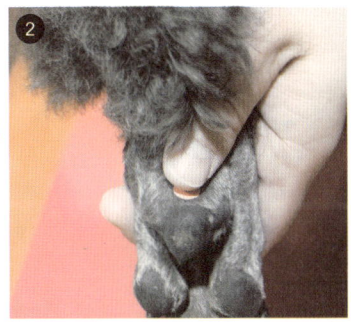

머리를 손끝으로 빙글빙글 돌려준 후에 목을 잡고 마사지한다.

발끝의 냉증 대책을 위해 손가락 사이에 발가락을 끼우고 용천혈을 지압한 후 전신의 피부를 잡아당긴다.

04 눈의 트러블 에는 눈 주위를 마사지

눈의 트러블에는 백내장과 결막염, 드라이 아이 등 다양하다. 눈 주위에는 많은 혈자리가 모여 있으므로 평소에 마사지를 해서 풀어준다. 민감한 부위이므로 힘의 가감 조절에 신경 쓰자.

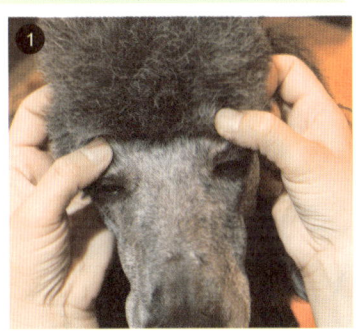

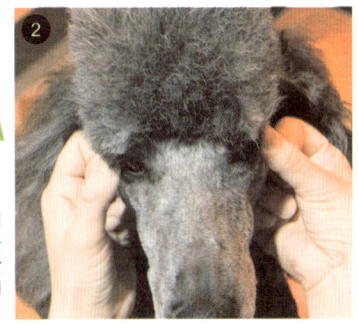

눈 주위를 안쪽에서 바깥쪽으로 돌려가며 마사지한다. 각 10~20회씩 해준다.

눈과 눈썹 부위를 앞에서 뒤쪽으로 각각 지압한다.

05 배뇨 트러블 에는 비뇨기의 혈이 효과적

하부 요로 질환은 식사, 생활습관, 감염 외에 기후가 급변했을 때도 일어난다. 비뇨기의 혈 자리를 자극하여 허리 및 하복부를 따뜻하게 해주고 물을 주어 배뇨를 제때 할 수 있도록 신경 쓴다.

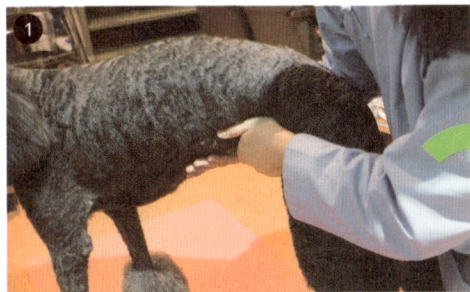

배꼽에서부터 치골 사이를 앞뒤로 마사지. 손바닥으로 따뜻하게 해준다.

신유(腎兪)를 마사지한다.

노견을 마사지 할 때 주의해야 할 점

- "아프지만 시원하다"는 발상은 역효과
- 기본적으로 부드럽게 천천히 마사지한다
- 정성껏 해주는 것이 중요하다
- 말은 못하지만 몸이 솔직하게 반응한다
- 싫어하는 느낌을 놓치지 말고 잡아낸다
- 아파하거나 화내는 것에도 주의한다
- 커뮤니케이션 도구로서 즐겁게 한다
- 관절 트러블이 있을 때는 수의사와 상담

함께한 시간 "감사의 마음"을 담아서

반려견과 이별하는
가장 좋은 방법 일본의 예

가족의 일원으로서 함께 해온 소중한 반려견과의 이별은 너무나 슬픈 일입니다. 그렇기 때문에 함께 했던 시간에 감사하고 추억하며 마지막 이별을 멋지게 기억하고 싶다는 가족들의 마음을 현실로 이루어주는 이별 방법을 알려준다.

참고 우리나라는 2008년 동물장묘업을 도입해 애완견 화장이 합법화 되면서 애견장례 대행업 시장이 형성되었지만, 일본만큼 그 형태가 다양하지는 않다.

전문가에게 알아본다!

다카하시 일본 애완동물방문화장협회 이사장, 애완동물 papa 대표, 동물 공양 협의회 회원, 애완동물 로스 상담

01 다양한 매장방법

♥ 민간업자·사원의 화장 분류

① **고정식 화장로**(설치형 화장로)로 화장을 실시하는 민간업자·사원

② **화장차량**(화장로 탑재 차량)으로 화장을 실시하는 민간업자·사원

③ **고정식 화장로·화장차량을** 소유하고 있는 민간업자·사원

④ 화장로나 납골 시설 없이 **중개만 하는 사업자**

고정식 화장로를 소유하고 있는 사원이나 장묘시설에서는 고별실과 탑골당, 납골당 등이 완비되어 종합적으로 서비스를 받을 수 있는 것이 특징이다. 또 화장차량은 자택까지 출장해서 화장을 해주기도 하고, 위패를 모신 절내에서 화장을 하는 것도 가능하다. 반려인의 요구에 맞추어 선택한다.

♥ 민간 장의 유형

합동장

합동 화장을 희망하는 다른 개와 같이 화장을 하므로 뼈가 서로 섞여 돌려받을 수 없다. 화장된 뼈는 합동 납골묘에 납골된다. (가격=저렴)

일임 개별장

합동이 아니라 개별적으로 화장하는 방법. 입회는 불가능하지만 화장 후에는 합동 매장하는 경우와 뼈를 돌려받는 경우 등 업자에 따라서 대응이 다르므로 미리 확인해본다. (가격=중간)

입회 개별장

견주 입회하에 개별적으로 화장하는 방법. 고별식, 화장로 수납, 뼈 수습까지 모두 볼 수 있다. 독경이나 제단을 차리는 등 사람과 같은 서비스를 하는 업자도 있다. (가격=비쌈)

POINT 좋은 화장 업자 고르는 법

- 반려견을 떠나보낸 경험이 있는 지인들의 이야기를 들어본다.
- 인터넷으로 알아보는 경우는 개인의 블로그 등을 참고한다.
- 직접 업자에게 전화해서 서비스 내용 등을 확인한다.
- 가격만 보고 판단하지 말고 종합적으로 보고 판단한다.

반려견이 죽은 후에는 평정심을 잃기 마련이므로 살아 있을 때 만약을 대비하여 미리 알아두는 것이 좋다. 반려견과의 뜻 깊은 이별을 위해서라도 마지막을 염두에 두자.

♥ 지자체에서 화장

사체 인수를 요청하면 수용하는 곳도 있다. 지자체마다 다르지만 대개 일반폐기물(유료)로 취급한다. 요금도 제각기 다르므로 본인이 살고 있는 지역에 문의해 보자.

♥ 자택에서 매장

사유지에서 이웃에게 피해를 주지 않는 방법(악취가 나거나 유골이 사유지 밖으로 유출되는 일이 없도록)으로 매장한다. 강가나 공원 등 공공장소에 매장하면 폐기물을 불법 투기한 것으로 간주하여 벌금형을 받게 되므로 삼간다.

조금 더 알고 싶어!

필요한 절차를 밟아 원활하게 진행한다

생후 90일 이후 반려견(반려견 등록을 마친 개)이 죽은 경우에는 사망한 날로부터 30일 이내에 보건소에 사망신고서를 제출하여 등록사항을 말소시킨다. 또 혈통서를 등록한 경우에는 그 견종 단체에게도 연락한다.

02 납골은 어떻게 하는가?

♥ 강아지 묘지

인간의 묘처럼 개도 개별 묘지와 묘석, 납골당이 있는 개별묘지와 많은 개와 함께 매장하는 공동묘지가 있다. 공동묘지에서도 자유롭게 향이나 꽃을 바치고 공양할 수 있으며 개별묘지보다 비용도 저렴하다.

♥ 자택 공양

유골함을 집에서 공양하는 경우도 있다. 그 밖에도 유골이나 유모(털), 발톱 등을 분골용 미니 유골함에 넣어 공양하는 방법도 있다. 가족 같은 파트너였기에 가까이서 느끼고 싶어 하는 것 같다.

03 추모 상품

즐거운 시간을 함께 한 사랑스러운 반려견의 모습을 추억하고 싶다는 마음과, 마지막을 멋지게 보내 주고 싶다는 가족들의 염원을 담은 추모 상품이 진열되어 있다.

오리지널 수제 유골함 세트
디자인까지 스태프가 손수 만든 유골함은 추모식에 참석한 가족들도 좋아한다. 정성이 담긴 상품으로 따스한 이별을.
(Papa 제공)

수제 메모리 포트
동물 애호가인 여류 도예가가 살아있는 생물과의 만남을 이미지해서 만든 작품이다. 땅에 묻으면 자연 분해되는 에코 유골함.
(Papa 제공)

천사의 날개
화장할 때를 엄숙히 기다리는 동안 사체를 위생적으로 보관할 수 있는 관. 드라이아이스 없이 화장이 가능하므로 간편하다. (S사이즈 12,960엔부터)

※화장장에 따라서는 사용하지 못하는 경우도 있다

모리스 반려동물 서적 시리즈 VOL.03
고양이와 더 친해지기

정가 : 5,900원

내 고양이와 함께 있는 것만으로도 행복하지만, 마음이 서로 통한다면 더욱 행복해질 수 있습니다. 이 책에서는 고양이의 몸짓과 언어를 통해서 애묘의 기분을 살피면서 더욱 친해지는 방법을 알려드립니다.

Contents 미리보기

- ♥ Introduction 고양이는 어떤 동물?
- ♥ 고양이와 사람과의 역사
- ♥ 지금이 고양이와 인간에게 가장 행복한 시대
- ♥ 고양이의 사회화 시기는 생후 16주까지
- ♥ 고양이를 입양할 때 유념해야 할 점
- ♥ 다양한 고양이 장난감
- ♥ 고양이는 싫증을 잘 내고 호기심이 많다
- ♥ 고양이를 황홀하게 만드는 애정 가득한 마사지
- ♥ 고양이와 함께 자는 법
- ♥ 말을 알아듣는 고양이로 길들이기
- ♥ 바디 손질도 잊지 말아요
- ♥ 고양이의 습성을 알고 더욱 행복해지는 법
- ♥ 화장실에 집착
- ♥ 마킹
- ♥ Cat Food는 다양하게 먹이기
- ♥ 거세 및 피임의 중요성
- ♥ 한 마리 키우기와 여러 마리 키우기
- ♥ 실내에서 키우는 것이 가장 안전하다
- ♥ 노령 반려묘와의 커뮤니케이션 방법
- ♥ 맺음말 반려묘는 인생의 소중한 파트너

모리스
서울 서초구 강남대로 95길 66 TEL : 02-545-2690~1 FAX : 02-545-3564 E-mail : khsa-morris@hanmail.net
노령 반려동물 전문쇼핑몰 Website : oldpet.co.kr

모리스 반려동물 서적 시리즈 VOL. 04
내 고양이 장수하는 비결

내 고양이를 장수시키기 위해 기본적으로 알아두어야 할 점 및 고양이의 수명과 신체 특징, 사료 선택법, 고양이의 몸짓과 언어로 알아보는 애묘의 마음 등 다채로운 내용으로 구성되어 있는 책으로 고양이를 키우고 계신 분, 앞으로 키우실 분들에게 추천합니다.

정가 : 5,900원

Contents 미리 보기

제1장 고양이 기초지식
얼굴, 몸
고양이의 라이프 스테이지
새끼 고양이/약묘(若猫)
성묘(成猫)
시니어 고양이
요즘 고양이들의 생활
칼럼1 고양이의 잡학

제2장 장수하는 비결
고양이를 장수시키는 식사
식사에 대한 의문
사료와 식사 알아두어야 할 것
고양이에게 GOOD & BAD 음식
스톱! 고양이의 비만
고양이를 장수시키는 생활환경
생활환경 알아두어야 할 것
고양이를 장수시키는 운동
고양이를 만족시키는 놀이법
고양이의 스트레스에 관하여
칼럼2 고양이의 신기한 행동

제3장 손질 테크닉
애묘의 몸 손질하기
몸을 체크하자
각 부위 손질하기
약 먹이는 법을 알아보자
알약 · 캡슐 먹이는 법
물약 먹이는 법 / 안약 넣는 법
알아두어야 할 고양이에게 많은 질병
질병 신호
고양이에게 필요한 예방접종
동물병원 고르기
고양이 언어 · 몸짓 사전
고양이 언어 편
고양이 몸짓 편
알아두어야 할 고양이 사육 5개 조항

모리스
서울 서초구 강남대로 95길 66 TEL : 02-545-2690~1 FAX : 02-545-3564 E-mail : khsa-morris@hanmail.net
노령 반려동물 전문쇼핑몰 Website : oldpet.co.kr

모리스 반려동물 서적 시리즈 VOL. 05
트리머를 위한 베이직 수의학

정가 : 27,000원

트리머가 되어 애견 살롱을 운영하기 위해서는 미용 기술뿐만 아니라 꼼꼼한 위생관리 및 소독, 강아지의 질병에 대한 전반적인 지식을 갖추어야 전문 애견미용사로 성장할 수 있습니다. 애견 미용을 처음 접하는 분들에게 이 책을 추천합니다.

Contents 미리보기

제1장 애견 트리머와 밀접한 질병
① 피부병
② 귀·눈의 질병
③ 구강·항문주변의 질환
④ 기생충·외부 기생충
⑤ 감염증

제2장 그 밖에 알아두어야 할 질환
① 뼈·근육 관련 질환
② 호흡기·순환기계 질환
③ 소화기계 질환
④ 비뇨기·생식기계 질환
⑤ 내분비계 질환

제3장 애견 트리머의 필수 실용지식

제4장 애견미용실의 위생과 트리밍

제5장 반려동물의 영양학
(칼럼 개의 질병①)
뇌전증(간질)이란
(칼럼 개의 질병②)
수두증이란
개의 백신접종에 관하여
사료 고르는 법, 주는 법
사료의 라벨 보는 법
간식 고르는 법, 주는 법

모리스
서울 서초구 강남대로 95길 66 TEL : 02-545-2690~1 FAX : 02-545-3564 E-mail : khsa-morris@hanmail.net
노령 반려동물 전문쇼핑몰 Website : oldpet.co.kr

모리스 반려동물 서적 시리즈 VOL.06
트리머를 위한 베이직 테크닉

트리머로서 가장 먼저 익혀야 할 지식과 범용성 높은 트리밍 기법을 한 권에 담은 입문서입니다. 최근의 트렌드와 최신 정보, 독자성이 높은 내용도 소개했습니다. 부교재나 참고서로도 꼭 활용되기를 바랍니다.

정가 : 27,000원

Contents 미리 보기

제1장 그루밍과 환경
트리밍이란 무엇인가
트리밍 룸
트리머의 건강을 위해
[column] 손의 각 부위 명칭

제2장 그루밍 도구
가위
클리퍼(전동이발기)
트리밍 나이프
브러시&코움
기타 그루밍 도구

제3장 견체(犬體)의 기초
개의 몸에 관한 기초기식
개의 피부
개의 피모
눈·발톱·치아의 관리

제4장 개의 보정
개의 보정과 마음가짐
보정·핸들링의 기본

제5장 베이싱
브러싱의 기본
샴핑
드라잉
래핑의 테크닉

제6장 클리핑과 시저링
면과 각 잡는 법
얼굴의 클리핑
발의 클리핑
바디의 클리핑
시저링
브레이슬릿 만들기
[column] 푸들의 쇼클립

제7장 일러스트 해설·견종별 응용
비숑 프리제
아메리칸 코커 스패니얼
미니어처 슈나우저
포메라니안
몰티즈
베들링턴테리어
에어데일테리어
노퍽 테리어
아이리시 테리어
셔틀랜드 십독

용어해설

모리스 서울 서초구 강남대로 95길 66 TEL : 02-545-2690~1 FAX : 02-545-3564 E-mail : khsa-morris@hanmail.net
노령 반려동물 전문쇼핑몰 Website : oldpet.co.kr

사랑한다면 이제 Grooming Tab 해 주세요

화학 제품인 샴푸제나 비누는 그만

Grooming Tab이 만드는 탄산온천 성분의 중탄산 이온수로 반려견의 피부를 지켜주세요!

반려견의 피부를 지켜주는 가장 좋은 방법은 화학 성분인 샴푸제와 비누를 사용하지 않고 중탄산 이온수로 깨끗하게 목욕시키는 것입니다! Grooming Tab은 수돗물을 중탄산 이온수로 바꾸어 최고급 온천수와 같은 효과를 냅니다. 샴푸제나 비누 없이도 각종 노폐물과 오염물질을 찌꺼기 없이 깨끗하게 제거하므로 반려견의 피부와 모질 관리에 매우 좋습니다. 이제 친환경적인 세정력, 중탄산 이온으로 인한 혈액순환 촉진, 스트레스 해소, 보습 효과, 부드러운 촉감 등을 체험해보세요.

Grooming Tab으로 중탄산 이온수가 만들어지는 과학적 원리

중탄산 이온과 수소 이온, 구연산의 트리플 효과

$$H_2CO_3 \rightarrow H^+ + HCO_3^-, \; C_6H_8O_7$$

Hot Tab은 중탄산 이온과 수소 이온에 구연산이 결합되어 탁월한 세정효과를 나타냅니다. 특히 구연산이 중탄산 이온의 흡수를 도와 피부를 효과적으로 케어하고, 중탄산 이온수의 다양한 효능을 높여줍니다.

※ 성분 : 탄산수소Na, 구연산, 탄산Na, PEG6000 / 고급 소재로 만든 안심할 수 있는 일본산 제품입니다

10정·30정·100정
Made in Japan

전용 샤워헤드로 편리하게 사용하세요!

Grooming Tab 1정을 전용 샤워헤드 안에 넣고 사용하면 녹기 시작한 고농도 중탄산 이온이 샤워 노즐에서 확실하게 방사됩니다. 투명한 샤워헤드는 방탄유리 소재로 제작되어 웬만한 충격에도 손상이 없고 안전합니다.

냄새 케어 · **모질 케어** · **건강 케어**

에프이코스메틱(주)

서울 서초구 강남대로 95길 66 TEL : 02-545-2690~1 FAX : 02-545-3564 E-mail : khsa-morris@hanmail.net
노령 반려동물 전문쇼핑몰 Website : oldpet.co.kr

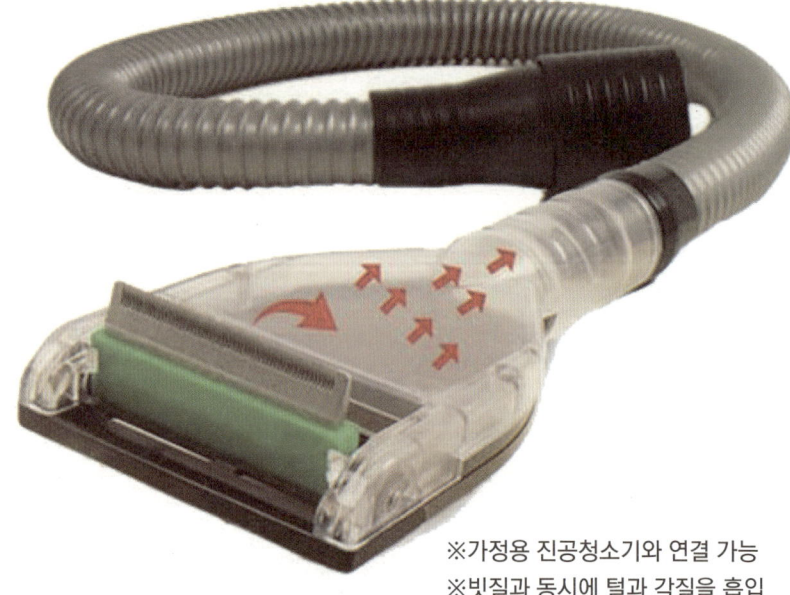

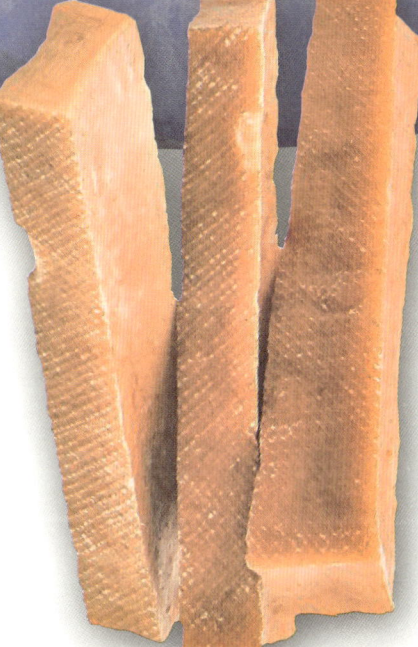

내 강아지 장수하는 비결

초판1쇄 발행 2017년 11월 20일

펴낸이 정태봉
옮긴이 신명분
펴낸곳 모리스

한국어판 ⓒ모리스 2017. Printed in Seoul, Korea

Aiken wo nagaiki saseru kotsu by Arata Usuki, Dai Suzaki
Copyright © 2015 by Arata Usuki, Dai Suzaki
Original Japanese edition published by Takarajimasha, Inc.
Korean translation rights arranged with Takarajimasha, Inc.
Korean translation rights © 2017 by MORRIS COMPANY

주소 우 : 06528 서울 서초구 강남대로 95길 66 중원빌딩 1층
전화 02_545_2690~1
팩스 02_545_3564
홈페이지 www.oldpet.co.kr
이메일 khsa-morris@hanmail.net

* 이 책의 저작권은 저자에게 있으며 무단 복제와 전재는 법으로 금지되어 있습니다.
* 잘못된 책은 바꾸어드립니다.